GOBOOKS & SITAK GROUP©

勵志書架223

1次通過的
超速考試法

考試之神的應考戰略，
學生、公職、
專業證照短期考取

超速太朗／著　王岑文／譯

高寶書版集團

前言
對自己的念書方法抱持百分之百的信心，堅定地邁向錄取之路吧！

常言道：「有多少位金榜題名的考生，就有多少種念書方法」。這句話的確有幾分真實性，卻也常誤導考生偏離了考試的本質。因為念書的方法眾說紛紜，反而常令考生無所適從。

舉例來看，假設某些優秀的人才在短時間內考上某種證照或執照，之後，當他們藉由網路或出書分享自己的念書方法時，我們可以發現，其內容大多都是自創的讀書方法，很少看到有人寫「其實，我是依照某某書上寫的念書方法才考上的」。（事實上，這裡隱藏了短時間內考上的重要關鍵！）

因此，許多考生看完書後，便會開始對「自己的念書方法」產生迷惘。然而，正是因為這樣的迷惘，才導致考生與應考錄取之路漸行漸遠。**現在，是時候該將焦點從念書的「方法」轉移到念書的「思考模式」上了。**

也就是說，倘若各位想達成短時間內考上的目標，應該著眼的不是那些短時間內考上的人「做了些什麼」，而是他們「思考的方式」。

然而，和其他不勝枚舉的念書教戰手冊相比，本書究竟有何不同之處呢？在此我可以向各位讀者保證以下三件事：

第一，本書的作者，也就是我——超速太朗——的的確確只是一名平庸之輩。坊間出書的念書達人，都是出自名門大學，而且又考上司法考試及公認會計師等超高難度執照的優秀人才，但我並非如此。我沒有那樣的特殊才能，執筆本書時最大的著眼點在於「說服力」而已。換句話說，我一直苦心思考「如何才能淺顯易懂地傳達給讀者」，最後決定採用以往的念書教戰相關書籍沒有用過的「對話形式」。

在本書中，我以一個平凡人的立場，向一般考生提出人人皆可付諸實行的念書方法。

第二點，我是一名深知考情的講師。我每年的授課時間高達八百小時以上，是一般講師上課次數的二至三倍。在這五年之中，我就像朝九晚五的上班族一樣，致力於講師這個工作。一般的講師，除了授課時間以外，幾乎從不露面；而我卻花費和上課時數同等的時間，與眾多考生近距離地接觸。尤其近兩年來，我透過網路、部落格以及電子雜誌等工具，從多樣化的視點，提供考生實用的建議。

從這點來看，本書的觀念雖然僅依據我個人的經驗，其內容卻絕非紙上談兵。**本書中介紹的念書方法，全都是經過實際證明有效的高效率學習法，能幫助你短時間內考取目標。**

第三點，本書的目的不單只提供念書方法，更重要的，是要讓各位了解擅長考試的學生與不擅長考試的學生之間的「思考差異」。之所以會有這樣的想法，源於我意識到一個問題點：**為何在教材相同、課程內容相同且花費時間也相同的情況下，為何會有人考上有人落榜呢？**

本書的主角，除了擔任證照考補習班講師的我本人之外，還有在今年一舉考中的相川小姐，以及自稱為實力派（也就是說還沒考上）的坊田先生，一共三人。其中，相川和坊田均為虛構的人物。不過，我想每位考生都同時具有這兩人的某些特質。透過我們三人之間的對話交流，相信大家能對這個問題有更具體明確的認識，也能釐清「如何在短時間內考上」。

簡單來說，**我希望能以此書帶領所有抱持高度自我期許的考生，通往錄取的捷徑**。這是我獻給各位的贈禮，也是本人的使命。

本書的內容充實豐富，相信各位考生必定能從中獲取「一次通過」的能量。在考試的準備期間，只要翻閱本書，相信各位一定能萌生前所未有的想法與新發現。

接下來，請大家跟著我們三人一起出發，踏上這條肯定自我的思考旅程，

在最短的時間內闊步邁向考試成功的終點吧！

目錄 contents

目錄 | contents

戰略篇

「最初的一步」是決定成敗的關鍵

第1章

有決心就一定能考上嗎？

十五年前敗在司法考試之下的考生

事情的起因源於某位教授不經意的一句話：「司法考試就像毒品一樣，容易讓人上癮。」

某位個性反骨叛逆的學生聽到了這句話，當下，立即萌生了一個念頭：「那我就來試試看是不是真的如他所說！」

在那之前，這個學生從來不曾翻過《六法全書》。然而，從大三那年的春天開始，他鎮日關在大學圖書館內埋首苦讀。由於身邊沒有任何人參加過司法考試，所有的資訊來源，就只有相關雜誌和市售的上榜經驗分享而已。為了一舉考上明年度的考試，他購買了整套補習班發行的兩年份函授教材。客觀來看，他的成功率幾乎是零。但是，當時的他依然深信自己一定能夠實現這個目標。

他的信心當然有其根據。因為眾多市售的上榜經驗分享中，對於「錄取關鍵」這個問題，都口徑一致地指出**「只要有決心就能考上」**……

當時，他對這個說法深信不疑，努力不懈地加緊讀書的腳步。每天聽三個小時的函授錄音帶，不斷地複習其內容。三餐都在學校餐廳中草草解決，一心一意埋首苦讀。就算一整天不與任何人交談也不足為奇。當身邊的同學都忙著就業活動時，他也只是將自己關在圖書館，一心準備迎戰司法考試。

他一直認為，說到決心，自己一定不會輸給其他人。結果，他卻連最基本的簡答題考試也沒通過，不僅被當時的女朋友甩掉，連父母親也拒絕給他經濟的支援。還因為長時間久坐不動的生活，導致腰部出了問題。

這樣的獨力苦讀持續了兩年多，起初的信心早已消失殆盡。最後，他就在這樣壯志未伸的情況下，在他二十三歲那年的秋天，離開了家鄉四國赴外地就業。他在心底暗自發誓：「今後我絕不再仰賴任何證照！」

然而，十五年後，這個年輕人卻成為證照補習班的講師。這樣意外的發展，是他——也就是我本人所萬萬料想不及的。為了不再讓其他人重蹈我當初的覆轍，現在的我致力於指導考生「思考式考試合格法」。

短時間內考上的學生VS.自稱為實力派的學生

我大約在一年前認識了短時間內考取證照的相川耀子，並在半年前認識了自稱實力派的坊田紘一。

相川當時來參加我的課前指導，當下便決定報名課程。根據她的說法，大學畢業後她當了三年的ＯＬ，為了開創更大的可能性，才決定報考證照考試。

在我的印象中，打從那年入門講座開課當天起，她從未缺席過任何一堂課。總是坐在講台前第二排，並在授課過程中積極參與發問。儘管成績不算頂尖，她卻成功在今年一舉達陣。

上榜後，她曾向我諮詢過未來的出路。最後，她決定再挑戰另一項專業證照，於是便再次報名了我開設的其他講座。現在我們也常有機會在補習班內碰面。

而坊田則在今年考試大關逼近時，申請了我們補習班的套裝課程，內容只有答題練習與模擬考。當天正好我也在場，所以和他稍微交談了幾句，那是我們的第一次接觸。

當他看到我遞給他的名片，發現我是他報考的那個證照的講師後，頓時仔細地打量著我，隨後和我談起他的學習情況。他說，第一年他完全靠自修的方式念書，卻「很遺憾地沒有考上」，所以今年他決定換個方式，至少在答題練習和模擬考兩方面，藉助補習班的課程來加強實力。

我們大約交談了十五分鐘，短短的時間內，他說了三次**「我只差一、兩分就考上了……」**因此，答題練習的課程正式開課之後，我一直對他抱有很高的期望。但他的成績在班上只處於中段，直到最後都沒有亮眼的表現。

就這樣，坊田這一次又再度落榜了。但他依然願意再回到我的班上，這一點令我感到非常欣慰。由於他報名的時間就在考試前不久，所以和相川一樣，也是從來沒有缺席過。雖然答題時常會偏離重點，卻十分踴躍發問。姑且不論成績好壞，他認真積極的學習態度確實值得嘉許。

另外，之前我曾經向他建議過「不妨試著從零開始重新學習」，他也接受了這個提案，這次決定從最基礎的課程學起。只不過這一次，我聽他說了六次「我只差一、兩分就考上了……」，是去年的兩倍。

坊田的夢想是「通過考試後便獨立開業」，因此他一直在半工半讀；而相川則是暗地裡考慮轉換跑道。兩個人都非常認真。今年的考試之前，他們常比鄰而坐，上課時非常專心，也將所有可用的時間全部投注在念書上。

看著他們兩人，我不禁回想起從前準備司法考試的自己，因為他們儼然是當時的我的翻版。

光靠「堅強的意志力」就能考上嗎？

自從坊田決定再次報名之後，我不斷在思考「接下來的一年裡，該如何修正他的學習軌道，才能幫助他邁向金榜題名之路」。

看著坊田今年孜孜不倦努力的樣子，我認為他的決心絕不亞於相川。但同時我也覺得，以坊田的狀況來看，**如果不改掉「某些毛病」，他將會面臨第三次的失敗。**

至於那些毛病為何，我心裡自然清楚，只不過要將我的想法轉化為語言相當困難，因此我一直在思考究竟該如何讓他明白其中的關鍵。

深入探討這個問題並不只是為了坊田，和他處於同樣瓶頸的人不計其數。因此，對身為證照考講師的我而言，這無疑是提升指導能力的重要機會。

什麼是考上的關鍵？

問題的答案就在坊田身上。因此，我才一再提醒自己，必須三不五時地找他談話。某天，新的課程雖然還沒開始，我在補習班看到了他，於是便上前和他攀談。

「坊田先生，簡單來說，你認為『**考上的關鍵是什麼呢**』？」

面對我突如其來的問題，他似乎感到一頭霧水，說道：「簡單來說嗎？這句話真是老師的口頭禪呢！」

的確如此。在課堂上，我經常以「簡單來說呢？」這句話來反問學生。

因為如果能夠簡單扼要地陳述一件事，便代表他經過一番獨立思考的過程。所以，我常藉由這句話，來告誡考生培養循序思考的重要性。

坊田沉思了一會兒，之後充滿自信地回答：「我認為關鍵在於理解，因為如果不能理解，自然就無法記憶了。」

他的答案點出了我今後要和他努力的目標。這個觀念造就了他長久以來的應考模式，也和他現在面臨的瓶頸息息相關。

當時，相川碰巧也在現場，她似乎正準備要去上課。於是，在回答坊田之前，我先試著問了她同樣的問題。

結果，相川毫不思索地答道：「老師不是常說，**『反覆練習』是最重要的**嗎？」

她丟下這句話後，便逕自走進教室。我不禁深感欣慰，因為她說出了我期待的答案。

「這麼一想，老師確實經常這麼說呢！所以，『理解』和『反覆練習』這兩點是考上最重要的關鍵囉？」坊田立即跟進說道。

「坊田先生，最重要的事怎麼會有兩件呢！」

「那，究竟是怎麼回事呢？」

坊田對此表現出極高的興趣。我認為，光是這樣便是我們的一大收穫了。

考不上是因為理解程度不夠嗎？

「坊田先生，你認為理解是最重要的關鍵，那麼，你覺得應該怎麼做，才能提升自己的理解程度呢？」我故意先跳開結論，將話題繞遠迂迴地向他問道。

「我認為，首要之務是仔細研讀課本，之後再盡可能多翻閱參考書及相關考試雜誌等資料，補充課本不足的地方。」

「也就是拓展自己的知識範圍囉？」

「沒錯，因為知識能加強理解。即便是現在，我還是會常驚訝於自己有許多知識不足之處。」坊田如此回答。

「我們的考試是採用畫卡作答的方式吧。這麼一來，你真的還認為『考不上是因為理解程度不夠』嗎？」我從另一個角度切入問道。

「不，倒也不一定如此……老實說，我幾乎從沒想過這兩者之間的關聯。不過大家不都說『理解是最重要的，理解才是關鍵』嗎？」

聽到坊田坦率的回答，我深信一定能修正他的學習軌道。於是，我直接了當地告訴他：「我認為，**『考不上是因為理解程度不夠』的說法是一種幻想。**相反地，甚至可以說『**正因為一味地追求理解，才會考不上**』。一味追求理解的話，就會試圖不斷拓展自己的知識範圍。然而，畫卡作答的方式，要求的是正確的知識。絕不是知識的量，也不是所謂的法學思維（Legal Mind），因此，我才一再強調『反覆練習』的重要性。換句話說，**考試最重要的是鞏固已有的知識，而不是拓展未知的知識。**」

「可是，老師，若沒有確實理解內容，不就無法記憶了嗎？」

「關於這一點，建議你可以仔細思考，究竟考試要求的理解程度到哪裡。

在答題練習的過程中，你應該常發現許多『每次都答錯』或『明明理解卻依然答錯』的問題吧！」

「是啊！確實如此。」坊田邊搔著頭邊說道。

「那麼，那真的是因為理解不夠嗎？」

「……」

「通過考試所需要的理解，光是我在課堂上講解的程度就夠了。具體來說，只要能理解『題目闡述的內容為何』即可。像保險從業人員及地政士等執照考試，一般來說，只要經過一年的補習，就能輕易理解考試內容。因此，**考完看過解答後，就會發現那都是『知道範圍裡的內容』**，不是嗎？然而，光是『知道』，其實是無法正確答題的。唯有不斷『反覆練習』，才能幫助我們從『知道』的程度進階為『派上用場』的程度。」

「……」

雖然我心中還有許多想法，但一時之間說得太多，對方想必也會消化不良吧。就算沒有消化不良，方才那番談話也已經令眼前的坊田一頭霧水。於是，我建議他今天務必重新思考『反覆練習』的意義後，接著便轉身離開了。

第2章

你是否掌握了準確的地圖與指南針？

把「短時間內考上」當成首要目標

倘若不知道目的地的方向與距離，要抵達終點無異是難如登天。因此，在出發之前，除了決定目的地之外，每個人還須準備準確的地圖和指南針。考生的目的只有一個，便是「通過考試」，而且要盡可能在短時間內考上。我想，關於這點，應該不會有人有異議吧。

一直以來我都非常困惑，想不透「為何坊田在起初的兩年會選擇自修？」

在一個星期六的午休時間，我正好看到他和相川有說有笑地聊天，於是我趨前走去，決定向他問個清楚。

「坊田先生，有件事我從以前就想問你，為什麼你一開始會選擇自修呢？你住的地方離補習班也近，上課應該非常方便啊！」

面對我突如其來的問題，他閃過一個驚訝的表情。接著有些難為情地回答：「這個嘛……當時我覺得，反正同樣都會考上，不如選擇比較省錢的方法。更何況市售的上榜經驗分享中，也有人完全靠自修考上的啊！」

聽完後，我也詢問相川同樣的問題。

「那麼，相川小姐為何決定來補習班上課呢？」

「因為我沒有把握能靠自修考上，而且既然決定要應考，我希望能在一年內考上。」

「我當然也希望能在一年內考上啊！」坊田急忙補充道。

我注意到他們兩人在小細節上的觀念差異：對於考試，坊田認為最重要的是「節省金錢」；相川卻著眼於「**節省時間**」。這小小的不同，對於兩人達成目標所花費的時間，有了決定性的影響。

當然，上補習班並不代表一定能在短時間內考上。相反地，自修也不代表一定就會失敗。然而，「盡可能在短時間內考上」如果是考生唯一的目標，就機率而言，結果是顯而易見的。

重點在於，認清「對自己而言，什麼才是最重要的」。這並不侷限於考試，也是我們一生的課題。

試算真正的成本後……

接下來，我要驗證坊田最重視的成本觀念，精準地算出他和相川分別負擔的成本。

「坊田先生，不好意思，麻煩請你寫下你應考這兩年所花費的金額好嗎？

約略的數字就好。」

坊田聽完後，二話不說便在活頁紙上明列出來。

◎坊田兩年來的應考成本所費不貲！◎

（第1年）	
課本、題庫及相關考試雜誌	約3萬日圓
各類研討會報名費與交通費	約10萬日圓
（第2年）	
課本、題庫及相關考試雜誌	約2萬日圓
答題練習和模擬考的套裝課程	約5萬日圓
	（總計約20萬日圓）

「你第一年參加了這麼多研討會啊！」

老實說，我真的吃了一驚。

「因為只靠自修的話，很難維持念書的動力，而且我也希望能找到志同道合的朋友。」

聽到一半，我很想打斷他的話，但我忍了下來。接著，我又問了相川同樣的問題。

「除了補習班的課程費用之外，我買了兩本老師推薦的市售題庫，加起來也不過二十萬圓左右。」

「什麼？那和我差不多啊！」坊田不好意思地搔了搔頭。

「坊田先生，你的實際成本還不只如此喔！」

「什麼意思啊？老師。」

看來他似乎還沒弄清楚真正的成本。

「你曾說過，考上以後會獨立開業。那麼，你認為獨立後第一年的營業額大約是多少呢？」

「我希望至少有三百萬圓。」

坊田口中說出了「三百萬」這個數字。

「這樣算來，假設你第一年就考上的話，去年就應該賺到三百萬了。但你沒有考上，這個損失也應該一併算在成本裡吧？」

坊田睜大了眼睛。

「另外，你今年也沒有考上，還得再準備明年的考試，這樣損失最少有六百萬呢。所以你的成本不是二十萬，而是六百二十萬，不是嗎？」

聽完這番話後，坊田再度陷入了沉思。

導彈的三項特徵

我想不能老對坊田如此嚴厲，正打算說些勸慰他的話時，相川巧妙地轉移了話題。「上了一年老師的課後，除了正確的念書觀念和方法之外，我還學到了許多一生受用的東西呢。其中，我特別喜歡『導彈』的說法。」

「導彈？」

坊田立即被這個話題吸引。我向相川道謝，順勢改變了話題：「我認為，**每個考生都必須當自己是一枚導彈。**無論有多少阻礙，都必須朝著目標勇往直前。因為通往通過考試的道路，絕不是那麼平坦順遂的。」

相川用力點頭，接著說道：「**導彈的特性是，『不持續往前飛的話，就無法修正飛行軌道』。**也就是說，我們考生經常一次又一次地失敗，但在失敗的過程中，仍然要朝著通過考試這個目標前進，對吧？」

「除此之外，還有另外兩個意思：第一，事先如果沒有設立明確的目標，導彈便無法發射；第二，導彈一旦發射出去，就必須持續飛行，不達目標永不停止，這也是最重要的一點。」

「咦……原來導彈還包含了這層意義啊！我以前都不知道呢！今天學到了好多喔！」

◎導彈的三項特徵◎

①事先如果沒有設立明確的目標，便無法發射。
②如果不持續往前飛，就無法修正飛行軌道。
③一旦發射出去，就必須持續飛行，不達目標永不停止。

這時，一直在旁默默聽著我們對話的坊田，拿出了一張活頁紙，寫下導彈的三項特徵。

「啊，也請你給我一張。」相川接過坊田遞來的紙後，便照著坊田寫下的內容抄了一遍，小心翼翼地將紙收進口袋。

考生的時間有限

「坊田先生，最後再問你一個問題：你的導彈，設定的目標是什麼呢？」

我認為，這是讓他接觸到導彈理論核心的大好機會。因此，我問了他一個更深入的問題。

「當然是『考上』啊！」

「嗯……有沒有更具體的說法呢？」

「是具備充足的應考實力嗎？」

一旁的相川也點頭。

「坊田先生，你是不是忘記更重要的事了呢？」

「啥？」一只見坊田求救似地望著相川。

「你的意思是說，將導彈的目標設定在『具備充足的應考實力』發射出去的話，這樣就能『照著預定計畫』成功考上了嗎？」

「嗯……」

相川比坊田早一步發現了我的用意。「不過導彈還必須『**設定時間**』哦。考完後才具備了充足的應考實力，那也只是枉然吧。」

坊田似乎也察覺到了這一點。

「沒錯。在接下來的飛行過程中，坊田先生的導彈必須時時留意時間。雖然今後一定還會出現許多想要更深入學習的地方，或是想要做到的事，但務必切記『**時間有限**』！一旦忘記『**優先考量時間**』這一點，將會白白浪費寶貴的時間，在短時間內考上的目標也就更加遙不可及了。」

「時間有限啊……」坊田一邊喃喃唸著，一邊抄下筆記。

「是的，**與其費心思考如何提升應考實力，不如時時刻刻提醒自己，該如何在有限的時間內，『達到事半功倍的效果』**。」

看看手錶，談話時間已經超過四十分鐘，我的午餐時間似乎所剩無幾了。

「今天就聊到這裡吧！總之，『時間有限』這個觀念，是坊田先生之後擬定應試戰略時相當重要的關鍵，以後再多花些時間，仔細思考這個問題吧！」

第3章

學習環境決定能否在短時間內考上

環境是成長的關鍵

回想過去，對我而言，大學三年級的秋天是我人生的轉捩點。之所以會這麼說，是因為在那之前，我幾乎已修滿了畢業學分，於是我便計畫在那年秋天，搬到東京補習，準備日後的司法考試。

然而，當那一刻真正來臨時，我卻變得遲疑不決。想到大學尚未畢業便要隻身前往舉目無親的東京，實在令我非常不安。於是，我想出一個不去東京的

「藉口」：「一旦去了東京就必須打工，上課的通車時間也很長，如此一來，念書的時間勢必大幅減少。」最後我依然選擇留在大學圖書館裡孤軍奮戰。

也就是說，當時的我將「念書時間」看得比「學習環境」還重要。我認為，充分的念書時間才是致勝的關鍵。然而，後來殘酷的事實卻讓我了解到，這個天真的判斷會招致如何慘痛的結果。

儘管時間並非坊田選擇自修的理由，但我知道有許多人之所以選擇自修，都是因為做了跟我相同的判斷。每年我班上的考生，有二到三成的人「在第一年選擇自修」。當然，這也許和他們原本的預定計畫不同，但現實便是如此。

證照考試的環境，和高中、大學聯考大不相同

在探討環境的重要性之前，首先，我想比較一下出社會後的證照考試，與學生時代考試的不同之處。許多證照考的考生認為，「證照考和以前經歷過的

大學聯考沒什麼兩樣。」如果讀者也有同樣的想法，奉勸各位必須趁早修正這個錯誤的觀念。

基本上，報考證照考應該是自發性的決定。當然，或許有部分例外的人是在公司的命令下報考的，但選擇服從命令也是出於自身的判斷。相較於證照考，高中和大學聯考則是一股社會潮流，每個人都理所當然地報考。因此，無論再怎麼感到厭惡，身為學生依然必須念書，因為這是學生應盡的義務。

再者，當學生準備大考之際，身邊的同學幾乎都是和自己有共同目標的戰友。自然而然地，大家平時的談話內容大多是考試相關的話題，生活步調也大致相同。從這點看來，證照考卻是完全相反。一旦進入職場，同事間鮮少會互相鼓勵幫忙，一個人暗自苦讀的例子更是常見。在這種情況下，倘若要準備考試，便不得不在工作和念書之間蠟燭兩頭燒。

我想，綜觀這兩點，各位應該可以了解到，對上班族而言，「學習環境」扮演了何等關鍵的角色。若想研擬出「短時間內考上」的念書戰略，我們就必須重新體認環境的重要性。

善用補習班「看不見的力量」

補習班的優點，不僅是提供最新的知識。只想要知識的話，自修也同樣能辦得到。對於現在正閱讀本書的讀者來說，今後必須追求更穩健的上榜機率。只憑個人的力量，無論怎麼努力，成效終究有限。因此，我建議大家，不妨多借助補習班「看不見的力量」。

和一群志同道合的夥伴共同奮鬥時，這種正面的波動會產生一股共鳴，進而激發出更巨大的能量。相川曾說過：「只要到了補習班，就感覺有人在背後推了自己一把」；而坊田也曾說過「不甘心落於人後」。

我認為，如何善用這份「看不見的力量」，是掌握致勝關鍵的要素之一。

選擇補習班，其實是在選擇「講師」

好不容易理解到學習環境的重要性，卻在金錢考量下選錯了補習班，那麼這一切也是枉然。倘若目的只在於獲取知識，現今社會科技發達，即便不用補習，也能在書本及網路上得到新知。

此外，「只要進入知名補習班，就一定能考上」的想法也是一種謬誤。就算進入上榜率很高的補習班，只要自己沒考上，一切便毫無意義。坊間的補習班，都會在課前收取全額的學費。因此，我們更需要花時間仔細比較，慎選適合自己的補習班。

相川便貫徹了這個重點。開課之前，她曾經參加過我的課前指導，當時她告訴我，「這是我參加課前指導的第三間補習班」。所有的課前指導結束後，她十分積極地找我談論相關的話題。

「老師，請問您當時是一次就考上這項證照的嗎？」

「您有多長的指導經驗呢？」

「去年這間補習班有多少人考上？」

「開課之前，有沒有什麼需要事先準備的部分？」

「請問，我大約何時才能針對念書的內容提問呢？」

談完後，她來參加我的試聽課程，結束後便直接報名了。因此，從一開始我對她的印象就十分深刻。現在，每間補習班都有「免費試聽」的制度，請大家務必善用這個機會。

另外，**選擇補習班最重要的一點，便是和講師是否投合。**無論講師的聲望再高，只要和自己不合，補習便會成為一件痛苦的事。因為教導我們的不是補習班，而是講師。倘若有幸遇到一位「**這個人說的話我可以相信**」的講師，選擇了適合自己的補習班，那麼在準備考試的過程中，便可說是贏在起跑點上了。

認真的考生會「散發光芒」

我每年都接觸到許多學生，我認為學生大致上可分為三種類型：

第一種，凡事親力親為的類型。這類型的學生，不須藉助他人的具體指導，便能明確地知道自己「現階段該做些什麼」，並將種種想法付諸實行。我認為，就算講師不是我，他們也能夠成功達陣。

第二種，缺乏毅力，無法堅持到最後的類型，多見於應考動機不明確的學生。此類型的學生，無論講師付出多少心血，都會半途而廢，甚至在考試來臨前，便舉手投降了。

最後一種則佔了總人數的八成之多。這類型的學生，**只要得到「充分的指導」，並願意「付出努力」，便能發揮實力，考試過關。**如何帶領這群灰色地帶的學生邁向成功之路，便是講師展現實力的好機會。

在各位上課的教室中，唯一考到執照的就只有講師一人。「是非成敗，盡其在我」的想法固然可貴，但多聽過來人的指導與意見，也是相當重要的一環。以我本身為例，當時老師不經意的一句話，往往能夠激勵當時正在準備考試的我。

沒有任何一位講師不希望自己的學生考上。可惜的是，很多學生都沒有意識到師生關係的重要性。站在講師的立場，我由衷地支持那些願意全力以赴的學生。

事實上，當我站在講台前授課時，對每一位學生的上課狀況，其實都看得一清二楚。若用一句話來形容，我認為認真的考生會散發出一種光芒，而這種光芒，最常表現在他們的課堂參與上。對我來說，能夠成為他們可靠的助力，是最令我深感驕傲的一件事。

每年新課程的開課當天，我一定會對學生如此說道：「我希望這間教室裡的每一位有緣人都能考上。身為一名講師，我也不斷警惕自己，務必要平等對待每一個學生。雖然同學們人數眾多，但只要積極發問，我都會仔細回答。所以，請大家不必有所顧慮，無論任何疑問，都歡迎隨時過來和我討論。」

這是我的肺腑之言。至於能否把握這個機會，端看學生是否重視我們之間的師生關係了。和講師建立良好的關係，不僅是準備考試的一大助力，也可能會改變各位的未來。

能從講師身上學習到的，不只是「知識」而已！

講師的功用，不僅限於教導各位所不知道的知識。**經驗豐富的重考生常犯的錯誤，便是一心只想求得未知的知識，卻對已知的知識置若罔聞**——這實在是非常可惜的一件事。我已重複過許多次，倘若只想獲得知識，那麼只要有課本便已足夠。

課堂上，講師的「授課方式」固然重要；然而，學生的「吸收能力」對能否考上也有決定性的影響力。從這層意義看來，在課堂上戰戰兢兢，不敢有絲毫懈怠的不應只有講師，學生本身的態度也很重要。

我希望大家轉換一個想法：**和講台前的講師一起「動腦思考」，就能大大地提升自己考上的機率**。所謂的「動腦思考」，指的不單是知識的量，還包含了「如何將已知的知識相互結合起來」的「發想」。換句話說，學生應該極力探究講師的「發想」，再「動腦思考」如何將那樣的「發想」變成自己的。

如此一來，面對「已知的」知識時，學生就會經常思考「**講師說明的方式**」，將這些知識真正地融會貫通。課堂上才是最有效率的學習場所——希望大家都能體認到這一點。

請教資優生三個問題

除了講師之外，各位必須積極互動的對象，還包括同樣身為考生的同學。同學能否成為助力，完全取決於你自身的態度。重點在於「主動出擊」，不能守株待兔。

舉例來說，如果各位班上有一位成績優秀的同學，請仔細觀察他的聽課狀況，一旦發現疑問，便主動向他詢問。我相信，當對方感受到我們認真的態度，必然也會認真地回答問題。

至於發問的訣竅，我建議各位儘可能提出一些本質性的問題，例如：

「請問，你能在實力測驗上取得高分，最大的原因為何？」
「念書時，請問你最重視的是什麼呢？」
「請問該如何確立今後的讀書計畫呢？」

乍聽之下，諸如此類的問題似乎會引人反感。實際上，人們大多樂於分享自己的意見。知己知彼，百戰百勝——愈了解同伴對念書的看法，便愈能以客觀的角度來審視自己，也更容易修正自己的學習軌道。

第 4 章

為何念書的成效不彰？

考古題要反覆練習十次

新課程的第一次實力測驗結束後，坊田紅著臉過來預約我的個別指導時間。箇中原因我也明白，因為他的考試結果並不理想。班上有六十人，他甚至連前二十名都沒有考進……這件事想必對他造成了不小的打擊。

坊田的聽課態度相當認真，他總是坐在第一排，課本上密密麻麻地寫滿了我講課的內容，還貼滿了筆記的便條紙……

「老師，為什麼我無法考到高分呢？」坊田一坐下來，便從他的綠色運動背包，取出上次實力測驗的考卷，直接了當地向我問道。

「分數似乎不如預期呢！我也有些意外。對於這次考試的結果，你自己有什麼看法？」

那天個別指導的時間非常充裕，因此我決定和他從頭談起。

「多虧老師的指導，我才充分了解到自己之前的不足。所以，**我還以為今年的理解能力一定能有所提升，沒想到卻毫無成效。**我也很困惑，不知道原因究竟出在哪裡……」

我可以想像他是多麼努力地準備這次的實力測驗，看著他的表情，我不禁感到心痛。

「請你先告訴我，在這段時間中，你是『如何準備考試』的？」

「和往常一樣，我一直都很認真在準備啊！首先，上課前我會將內容預習一遍。然後上課時，也有依照老師所說的，把您的講解全都抄在課本上。最後複習的時候，除了研讀課本之外，還從去年使用過的課本及資料中，擷取值得參考的部分，影印下來貼在課本上。」

「你沒有做考古題和題庫練習嗎？」

「當然有啊！我知道考古題和題庫很重要，也知道必須儘可能提早開始練習。因為，去年我已經得到教訓了……」

「那麼，為了準備這次的實力測驗，你總共做了多少次考古題和題庫呢？」

「我原本想全部都做兩次的，但時間不夠，有些地方只做了一次而已。不過，所有範圍我都練習過了。這次的成績不理想，是因為我的記憶力衰退了嗎？」

「不是的。我想，如果你只做了一、兩次考古題和題庫，這樣的結果也就不足為奇了。因為**我們班上的資優生，每個人都反覆練習了五至十次左右**。」

我平靜地答道。當然，這也是事實。

「哇！竟然做了五至十次，他們真的很用功耶！真羨慕這些人的學習環境，能像學生一樣，當個全職的考生……」

「不，他們幾乎都是上班族喔！」

「什麼？那他們怎麼有時間反覆練習那麼多次？老師，請您告訴我！」

「等一下，這當中可是有訣竅的，我將它稱之為『**反覆練習的魔法**』。只不過，我擔心一次說得太多，你可能會消化不良，所以決定過些時候再告訴你。在那之前，我希望你能先思考一些本質性的問題。」

每個考生都在嘗試不可行的念書方法

聽到我不願當下回答時，坊田露出有點不滿的表情，但我仍毫不在意地繼續問道：「對了，你一天大約念書幾小時呢？」

「除去打工的時間，平日應該是三小時左右吧！」

「對這項證照考而言，平日一天念書三小時，已經算非常充分了。」

「可是，我真的覺得時間不夠。光是課程的預習，就得花上一整天來研讀課本。隔天上完課後，根本沒時間念書。之後為了複習，還得一邊對照課本，一邊從去年使用過的課本及資料中，擷取值得參考的部分，再影印下來貼在書上。如此一來，一整天又報銷了。到了隔天，又得預習下次的課程……我平日的時間幾乎都花費在預習、上課和複習上，只有週末才有時間練習考古題和題庫。而就實力測驗的範圍來看，我頂多也只能練習一、兩次而已。所以我真的不明白，為什麼那些資優生可以反覆練習五至十次……」

坊田的念書方法果然和我想的一樣。於是，我改變發問的角度，希望可以藉此幫坊田抓住問題的重點。

「從現在起，其他新的科目還會接踵而來。依照你的方法，那麼課本只能研讀一、兩次，考古題和題庫也只能練習一、兩次。這樣一來，到了半年後的衝刺階段，你認為自己的腦中，還能殘留多少知識呢？」

坊田瞬間皺起眉頭。

「從去年的經驗看來，應該幾乎都忘光了吧！」

「那麼，你認為該如何改進呢？」

「我也不知道……可是，每一本專書上，都說我的念書方法是『王道』啊！」

◎平均考生一週的學習計畫表◎

週一	週二	週三	週四	週五	週六	週日
課程①	複習課程①的課本	預習課程②的課本	課程②	複習課程②的課本	做課程①與②的問題演練	預習下一週課程③的課本

＊持續這樣的學習計畫的話，到各科目結束為止，頂多只能讀一至兩次課本，練習一至兩次題庫。

「你採取的方法，的確是眾所周知的標準法則。然而，那不過只是理想論而已。我見過許多有正職工作的考生，對他們來說，**平日一天要挪出兩小時念書都是難上加難……**因此，我認為你的方法完全不可行。」

「那我到底該怎麼做呢？」

預習只是浪費時間，反覆答題才是重點！

「關鍵字就是我曾經說過的『**時間有限**』。這不是一句口號，除了理解這句話的意思之外，還必須付諸行動。畢竟每天念書的時間有限，才更必須從最重要的地方做起。若想在實力測驗考到高分，坊田先生，你認為最重要的是什麼呢？」

坊田注視我的眼睛，吸了口氣回答：「應該是勤練考古題和題庫吧！」

「對！沒錯！就是這樣！」我出於興奮，連聲音都變得有些沙啞了。

「可是，儘管我明白這個道理，頂多也只能練習一、兩次，因為時間根本不夠啊！」

「正因如此，我才會建議同學『**複習時要先從考古題和題庫做起！**』上我的課不需要預習。想在實力測驗取得高分，最重要的便是集中火力反覆練習考古題和題庫。」

「但是，我擔心這樣理解會不夠……」

「關於這一點，我之前也曾經說過，**如果是畫卡作答的測驗方式，只要能理解『題目闡述的內容為何』即可**。認真聽課的話，即使沒有事先預習，也能大致理解內容。之後只要立刻做考古題和題庫的演練，就不須擔心理解不足的問題。反過來說，甚至有不少人靠答題來幫助理解課程內容呢！」

坊田兩手抱胸，「嗯」地應了一聲。

「看樣子，要讓你徹底了解我的意思，可能得先改變你對考古題和題庫的看法才行。」

「對考古題和題庫的看法？」坊田瞪大了眼睛。

考古題和題庫是學習的最佳教材

「坊田先生，你做考古題和題庫是為了什麼呢？」

對於我的問題，坊田露出不解的表情，支支吾吾地說道：

「為了確認自己是否真正理解所學，並且針對理解不足的地方加強改進。」

「嗯……我想，應該很多考生都抱持和你相同的看法吧！不過，如果問相川小姐同樣的問題，想必她會有截然不同的答案。」

「咦？那相川小姐會怎麼回答呢？老師！」

「我想，她應該會回答『**做考古題和題庫，是為了要了解考試的出題方式**』吧！」

「我不太清楚我們的答案有什麼差別……」

「你們兩人的答案，可以說正好完全相反。你認為做考古題和題庫，是為了『測試自己的理解程度』；而相川小姐卻認為這是為了『了解考試的出題方式』。依你之見，應該要先對內容有某種程度的理解，之後才練習考古題和題庫……也就是說，聽完課後，你會先深入複習所學，最後才著手進行答題練習。相反地，**相川小姐則是一開始便先從考古題和題庫切入。**」

「可是，倘若先做考古題和題庫，而沒有仔細研讀課本，這樣難道不會理解不足嗎？」

看來坊田似乎陷入了自己根深柢固的思考模式。

「事實上，我反而認為，漫無目的一味複習，才是真正導致理解不足的關鍵喔！」

我請坊田拿出現在使用的課本及題庫，一本一本歸類，將課本放左邊，題庫放右邊，接著繼續方才的話題：「假如依照你的做法，便是先仔細研讀左邊的課本，『深入理解之後』，再練習右邊的題庫來『加強改進』，對吧！」

我拿著原子筆一邊指著一邊說明。

「我問你，題庫全部答對的話，是否就代表你已經完全理解課本的內容了呢？」

邊聽邊點頭的坊田，此時突然停止了動作。

「不，即使問題全部答對，也不代表完全理解課本的內容。」

「是啊！沒錯！或許只是你碰巧遇到會的題目而已。我想說的是，『**不能將練習考古題和題庫當作最後目標**』。如果考試內容全是已經練習過的題目，

◎對題庫定位的差異！◎

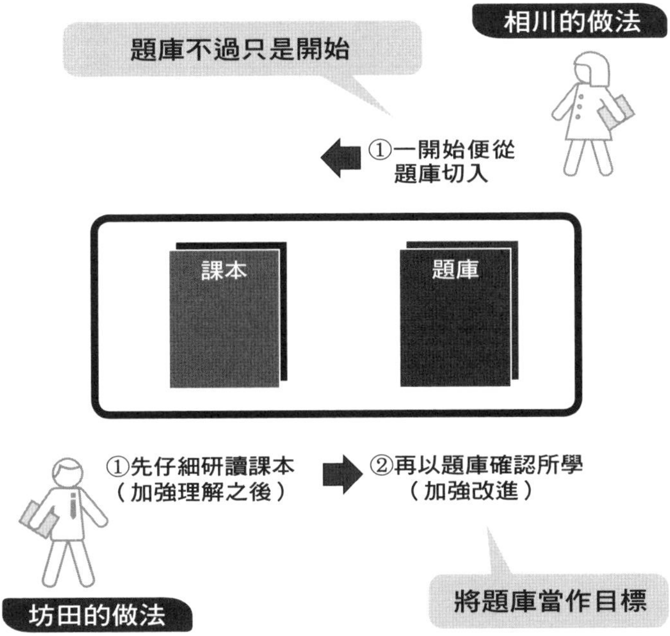
相川的做法
題庫不過只是開始
①一開始便從
題庫切入
課本
題庫
①先仔細研讀課本
（加強理解之後）
②再以題庫確認所學
（加強改進）
坊田的做法
將題庫當作目標

那麼只要做考古題和題庫就可以應付了。然而，實際上並非如此簡單。到最後，我們仍然要鉅細靡遺地研讀課本。因此，『**掌握考古題和題庫的出題範圍，便是研讀課本的第一步**』。」

「原來如此！老師，我開始有點懂了！考古題和題庫不是測驗的教材，而是學習的教材。」

坊田搶先一步說出我接下來要說的話。我感到十分欣慰，向他微笑說道：

「我認為，學習的秘訣，在於『**如何徹底地吸收考試的內容**』。所以，**利用考古題和題庫來探索課程內容的『出題方式**』，便是學習的第一步。」

首先要深耕課本

「我終於恍然大悟了，真的很感謝老師。您這一番話，讓我徹底了解以前所犯下的『錯誤』。我現在馬上就著手練習考古題和題庫。」說完，坊田開始將桌上的書一本本收進他的綠色運動背包中。

「請等一下，既然你已經有所體會，我們不妨再深入聊聊。首先，坊田先生，你打算如何修正今後的學習軌道呢？」

「我會**以題庫練習作為複習的第一步**。因為如果以課本為優先，最後時間不夠，就無法反覆練習題目五到十次了。」

「嗯，看來你似乎完全掌握了重點。不過，你還忽略了一件最重要的事喔！」

「最重要的事？」坊田再次睜大雙眼。我繼續說道：「學習的過程中，**最重要的是『深耕課本』**。你應該沒有聽過這句話，因為這是我依照其特性自創的用語。」

坊田一邊聽，一邊在活頁紙上寫下「深耕課本」四個大字。

「老師，可以請您詳細說明『深耕課本』的內容嗎？」

「首先，我想，和你之前一樣重視『理解』的考生，多半也會從課本切入，之後練習題目，直到回答正確，才能告一段落，接著再進入下個新單

◎「深耕課本」的重要性◎

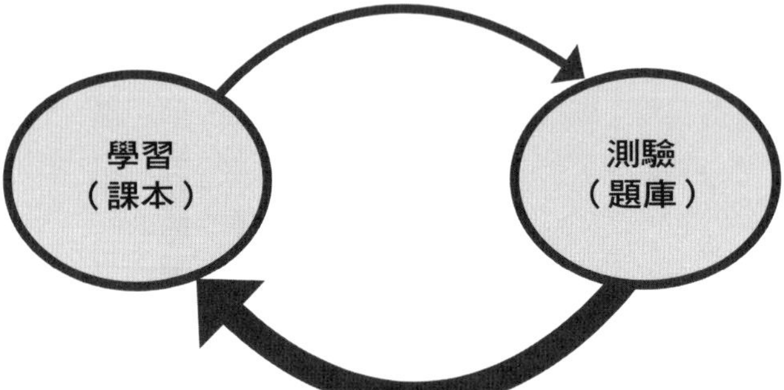

從測驗到學習的箭頭才是重點

元……，對吧？」

「沒錯。如果遇到答錯的問題，便會回頭向課本求證，找出『答錯的原因』後，再進入下一個階段。這和深耕課本有什麼不同呢？」

「其實，深耕課本便是這個方法的反覆操作。」

說完，我向坊田借了張活頁紙，在紙上畫出以上的圖形，一邊繼續說明：

「所謂的考前準備，指的就是這個步驟的反覆操作。然而，在這個圖形中，重點不在於『學習→測驗』的箭頭符號，而是『測驗→學習』的箭頭符號。可惜的是，許多考生都無法意識到這一點。」

「可以說得更具體一點嗎？」

「換句話說，也就是『確認課本上的內容，會以怎樣的形式出現在考題中』，並將出題方式記錄在課本上，作為對照參考。」

「這個步驟就是老師所說的『深耕課本』吧！」

「是的。全新的課本有如一塊處女地，雖然美觀，卻無法進一步發展。因此，我們必須深掘土壤，勤加耕耘才能有所收穫。在經過深耕的課本上，埋下『出題方式』的種子，有朝一日才能開出『應試中考』的豐碩果實。問題是，『該如何深耕課本？』當然，這其中也是有訣竅的。」

「什麼訣竅？老師，請您快告訴我！」

「別急、別急……我們今天已經探討了非常重要的關鍵，我希望你能先好好沉澱一下，之後我們再來詳談『深耕課本』的具體方法。等你親身體驗過後，相信會更有助於你理解深耕課本的方法。」

儘管坊田透露出些許不滿的表情，從過去的經驗來看，我知道一次說得太多，考生必定會消化不良。所以，我毅然決定等過些時候再告訴他。

第５章

答題練習與模擬考試的定義是否明確？

想考上就得擬定戰略！

正式進入課程前，我總是會告訴正起步準備證照考的學生：「考上的人大致可分為三種」。

大多數考生在接受國家考試中較高難度的證照考時，都會利用證照補習班提供的講義與教材來準備。事實上，只要是小有名氣的補習班，提供的考試資訊都大同小異，但最後為何會導致考上與落榜兩種不同的結果呢？簡單來說，考上的人至少都具備下列某一種特質，甚至三種皆具：

第一，純粹腦袋聰明。這是難以否認的現實。每年在我班上的一百位學生當中，約有一人會具備這樣令人稱羨的特質。據說此類人，只要看過一次課本，便能過目不忘，自然記住內容。但他們卻不常將這件事掛在嘴上，因此不易分辨。

第二，花大量時間念書。這是指辭去工作，或因為某些原因，能將全天時間都用來念書的全職考生。當然，全天時間都用來念書，並不能保證對所有的考試都有利，這是之前我參加司法考試時親身體認到的事。其精神壓力之大，非同小可。但無可否認的是，比起撥不出時間的人，他們還是佔有絕對的優勢。

第三，善於擬定戰略。這些人具有穩健的思維，能確實做好直到考試那刻的準備。對於資質平常，又因工作無法騰出充分時間來念書的普通人來說，如果想通過考試，沒有戰略是行不通的。考上的人與落榜的人，後者明顯居多，

倘若採用與其他考生相同的想法與行動，「考上」的夢想何時才能實現呢？

除了上述三點之外，或許還有人會提出「運氣好」這一點。確實，任何國

家考試中，「因為運氣差而落榜的人」的確不少，但事實上，「僅靠運氣考上的人」更是微乎其微。

我之所以在課程前說這番話，是想讓學生們了解到戰略的重要性。然而，「戰略」這個名詞近來卻常遭到濫用，導致它的定義愈來愈不明確。

如何看待別人的上榜經驗分享

擬定證照考的戰略時，考生似乎非常依賴「上榜經驗分享」。

從前應考時，我也曾盡可能地讀遍許多經驗分享來擬定戰略，心中卻依然謹記「不得盡信，參考即可」的道理。

因為經驗分享通常都有兩極化的傾向。我接下來要談的內容，或許不適用於所有的上榜經驗分享書籍，但考生們還是知道比較好。

首先，有些經驗分享會刻意縮小讀書及學習時間，宣稱自己如何輕易考上。要小心自稱「我○個月就輕鬆取得△△證照」的學習法。因為這類人通常擁有大量的時間，這對於邊工作邊準備考試的考生而言，即使完全照本宣科也難以成功。

反之，某些經驗分享則是宣稱「自己是如何辛苦過來的」以及「這個考試有多難」。當然，任何人都有將自我行為正當化的傾向，也不是說只能參考短時間內考上的人的經驗分享。只是他們所寫的考試實態，並非完全符合事實。

上述這番話並非全盤否定所有的經驗分享。相反地，我反而希望考上的人能多分享他們的經驗。而且，不須因為顧慮讀者而變得畏畏縮縮，大方地照著自己的想法來寫即可。經驗分享闡述的是自己心中的真實，沒有所謂的「好壞」或「優劣」。

此外，在閱讀經驗分享之前，考生有義務抱持正確的認知。雖說經驗分享容易有兩極化的趨向，但考生若以評論家的角度進行批判，也就失去閱讀經驗分享的初衷了。

每一本經驗分享，都是前輩留下的寶貴意見，我們應該心存感謝與敬意。

更何況，其中必定有值得效法的方式，建議各位不妨試著找出精華所在，再活用在自己的應考戰略上。

「集中火力攻讀單科」能讓你「短時間內考上」

上次的個別指導結束後過了一星期，坊田自信滿滿地拿著他的學習計畫，前來接受我的指導。

「這是我今年的讀書計畫。」

計畫表的橫軸填上了應考前的所有月份，最上方排有補習班的課程，最下方則是坊田的自修科目。接近考試的衝刺期，一天更細分為三科目。

「你的學習計畫真是詳盡呢！不過我有些地方不太清楚，想問問你的想法。第一，為什麼你的自修科目和補習班的課程科目不同呢？」

「光唸一科的話，會忘記其他科目。因此，我決定同時分頭進行準備兩個

◎坊田先生的年讀書計畫概要◎

	基礎期								衝刺期	社會保險經理人考試
課程計畫	勞基	勞災	雇用	徵安	健保	國年	厚年	一般	以練習答題與模擬考為中心	
自我學習	勞基	勞災	雇用	徵安	健保	國年	厚年	一般		

◎即使是單科也要盡早突破合格標準◎

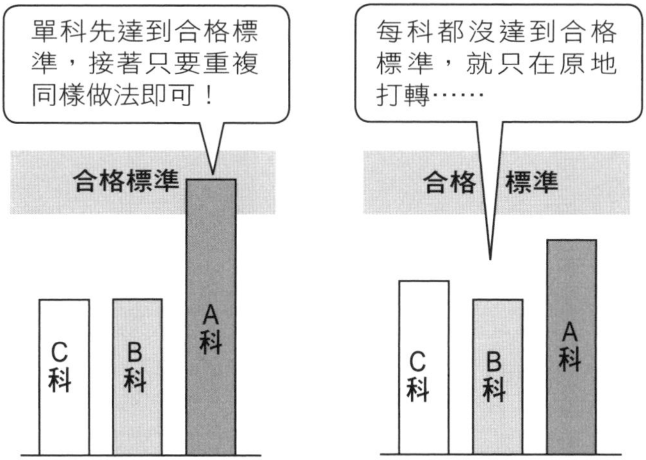

科目。」

「坊間十分盛行這種學習方法，但就現實面來說，我很懷疑這麼做究竟是不是真的有效。」

「怎麼說呢？」

「很簡單，假設你一天用在讀書上的精力是百分之百，其中用來複習在補習班學的科目就佔了百分之五十，剩下的百分之五十用來自修其他科目。那麼你一天用在單科的精力就比原本少了百分之五十。」

「剩下的百分之五十，只要再找其他時間補回來不就好了。」

「這樣不就只是推遲各科讀完的時間而已嗎？」

坊田的目光再度閃爍著疑惑。

「不只如此，當天課程所學的科目，印象應該最為深刻。這時不集中攻讀，反而讀其他科目，效率想必不如預期。想考上的話，應該是**即使只有一科，也要盡早達到合格標準。**只要嚐到一科達到合格標準的滋味，其他科目就只是重複同樣的做法，這樣應該不難吧。」

「經老師這麼一說，似乎確實如此。複習當天課程以外的科目，不僅耗時又不容易記憶。」

「無論是戰爭或商場，各行各業的戰略書籍都推崇『單科突破主義』的重要性。除了可以整天念書的少數全職考生之外，對大部分的考生而言，正因為時間有限，才更應該集中火力攻讀當日課程的科目，以期盡早達到合格標準。」

「哇，那這份計畫表不就沒用了！我要再重新製作一份。老師，擬定長期讀書計畫時，有哪些需要注意的地方呢？」

坊田總算正式踏上擬定戰略性讀書計畫的道路。

能否考上，早在考試當天便已注定？

「坊田先生，請先告訴我你心中的戰略性讀書計畫。」

「首先要從考試當天倒算回來計畫吧。」

坊田的回答完全在我意料之中。

「還有其他的嗎？」

「其他的……」坊田雙手抱胸沉思許久，卻遲遲無法找出答案。

「從考試當天倒算回來計畫，是一般的學習法。我是不反對這樣的方式，但這還稱不上是『戰略』哦。」

「怎麼說呢？」

坊田一邊問，一邊在手邊的活頁紙上寫下「何謂戰略？」幾個字。

「我認為能否考上，早在考試當天便已注定。反過來說，只希望考試當天才達到合格標準的話，考上的可能性幾乎是零。」

「老師，您能不能說更具體一點呢？」

「每年考試當天目送考生上考場時，我總會覺得，大多數考生『早已經自己決定是否會考上』。即使嘴裡說著『不到最後關頭絕不放棄』，事實上，最了解自己的還是自己。某些人臉上寫著『今年絕對會考上』，某些人則寫著『今年可能有點困難』。因此，我認為你所說的，以考試當天突破合格標準為目標的念書方法，實在稱不上是『戰略』。」

「那您認為什麼才叫戰略性學習法呢？」

「既然考試當天勝負已定，那麼就必須把目標集中在『達到成果的關鍵』。也就是戰略。舉例來說，戰爭時如何攻佔對方的軍事據點，便是決定勝負的關鍵。那麼，你認為證照考試的關鍵是什麼呢？」

計畫分工

「我不太了解您的意思……」

「那我們換個角度來思考吧！坊田先生，你參加答題練習或模擬考的目的是什麼？」

「當然是測試自己的實力啊！藉此了解自己的弱點，進而補充不足的部分……」

「嗯，十個考生裡大概有九個都會這麼說，但我認為，這種想法太天真了。」

「那答題練習或模擬考試的目的究竟是什麼呢？」

「事實上，去年我也問過相川相同的問題，她的想法與我不謀而合。」

「快點告訴我！老師！」坊田手握原子筆，顯得有些著急。

「答題練習或模擬考的目的，是為了增加『自己一定可以考上！』的自信，除此之外無他。目的不是找出弱點，達到成果才是唯一的目標！」

坊田這下不僅雙眼瞪大，連嘴巴都闔不起來了。

我接著又說道：「所以，在擬定學習計畫時，應該著眼於如何在答題練習或模擬考之前，就已經培養出足夠的實力——這就是我所說的『達到成果的關鍵』。」

坊田在活頁紙上寫下『增加自信』和『達到成果』八個大字後，緊接著繼續問道：「這有可能嗎？」

「你的重點應該放在『要如何化不可能為可能』，這才是戰略性思考。」

◎不同階段有不同學習重點◎

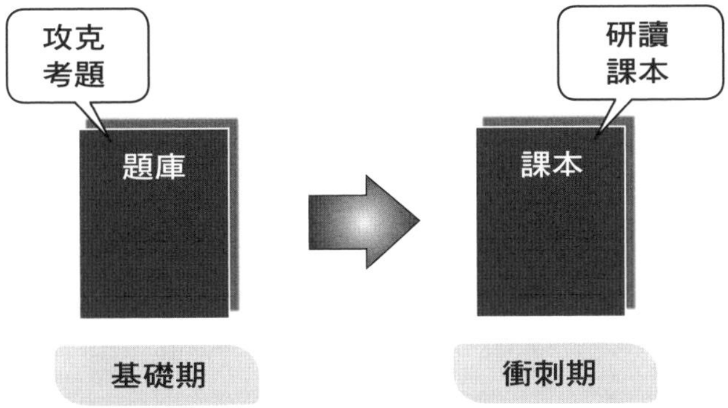

「……說得也是。」

坊田雖然含糊地應了一聲，卻似乎沒有多想的樣子。為了啟發他自我思考的能力，我又繼續說道：「戰略性讀書計畫的關鍵，在於『計畫分工』是否明確。」

「計畫分工？」

看樣子他似乎聽不懂，於是我繼續解釋：「同時讀兩科的讀書計畫，就是『計畫分工』意識不足的結果。當然，基礎期以預習及複習課本為中心，衝刺期攻克考題的想法也不正確。」

「為什麼？您可以說得詳細一點嗎？」

「在進入正題前，有些事我一定要先告訴你。」

將由下往上學習法轉換為由上往下學習法

坊田神情嚴肅地等我開口。接下來的這番話，雖然有些難以啟齒，但如果不說，坊田可能永遠都無法改變。於是，我鼓起勇氣娓娓道出：

「其實，打從和你第一次見面開始，有件事我一直非常在意……在我的考生分析中，你無疑是屬於『貪婪型』的。」

「『貪婪型』嗎？」

坊田聽了不禁苦笑。

「我可以深刻體會你『無論如何都要考上』的衝勁。但那份欲望，或許就是讓你離考上目標愈來愈遠的罪魁禍首。」

「啊……，其實我也這樣想過。」

「因為你為人坦率，目前為止，是不是只要聽到別人介紹『好方法』，就會全部付諸實行？」

「是啊！因為我希望下次一定要考上，不去嘗試的話，便永遠不會知道那對自己來說是不是個好方法。」

「那個『一定』就是問題所在。」

「咦？這樣想也有錯嗎？」坊田瞪大眼睛。

「你將這份想考上的衝勁，全部都用在蒐集情報上了。想考上的話，就應該同時並重具體讀書方法與情報蒐集。坊田先生，請你先借我一本課本。」

坊田的課本，因為貼滿從其他書籍及考試雜誌上剪輯下的大量剪報，竟比新書厚達兩倍以上。

「我不反對在課本上做筆記或剪貼。但光看這本課本，就知道你打算採取由下往上學習法。若想達成短時間內考上的目標，就該將由下往上學習法轉換為由上往下學習法。」

坊田問道：「老師，您所說的由下往上學習法和由上往下學習法是什麼呢？」

鞏固三角形頂點的學習方法

我向坊田借了紙筆，畫了一個大大的三角形。

「我們從三角形的頂點開始，依序填下正式考試所需的知識。」

接著，我將三角形由上往下分為四等份。

「假設第一層是考古題與模擬考的試題。你認為第二層應該是什麼呢？」

「老師寫在黑板上的和講課的內容嗎？」

「沒錯。那第三層呢？」

「應該是上課沒提到，但課本上有寫出來的內容吧？」

「沒錯，而第四層則是課本上沒寫且極少出現的內容。」

「我懂了！老師，您的意思是，我的學習方法是從最下層『極少出現的內容』開始鞏固的，是嗎？」

「是的。我相信每個人應該都能理解這個三角形。但**『一定要考上』的心**

態愈強，就愈有從三角形底部開始鞏固的傾向。因此，我將這種情形稱為『由下往上學習法』。」

「也就是說，我應該轉為『由上往下學習法』，從最上層開始鞏固實力，對嗎？」

直率的坊田果真欣然接受我的意見。

「**即便只有一小部分也好，一旦鞏固了最重要的三角形頂點，接下來只要慢慢延伸知識的觸角即可**——這就是所謂的『由上往下學習法』。相反地，『由下往上學習法』往往造成無法達到頂點，只能以梯型狀態應考的情形。」

「原來如此！我懂了。」

「懂得這個道理後，就更容易理解剛剛所說的『計畫分工』。這部分我希望你能自己多多思考一下。」

我和坊田約定，今後正式實行讀書計畫之前，一定要再來找我商量。坊田本人（還有本書眾多讀者）或許認為這樣便足夠了，實際上，我卻十分清楚他眼前還有一條漫長的學習道路。

然而，我依然深信坊田今後必定能修正軌道，確實到達考取目標的終點。

◎讓你在短時間內考上的由上往下學習法◎

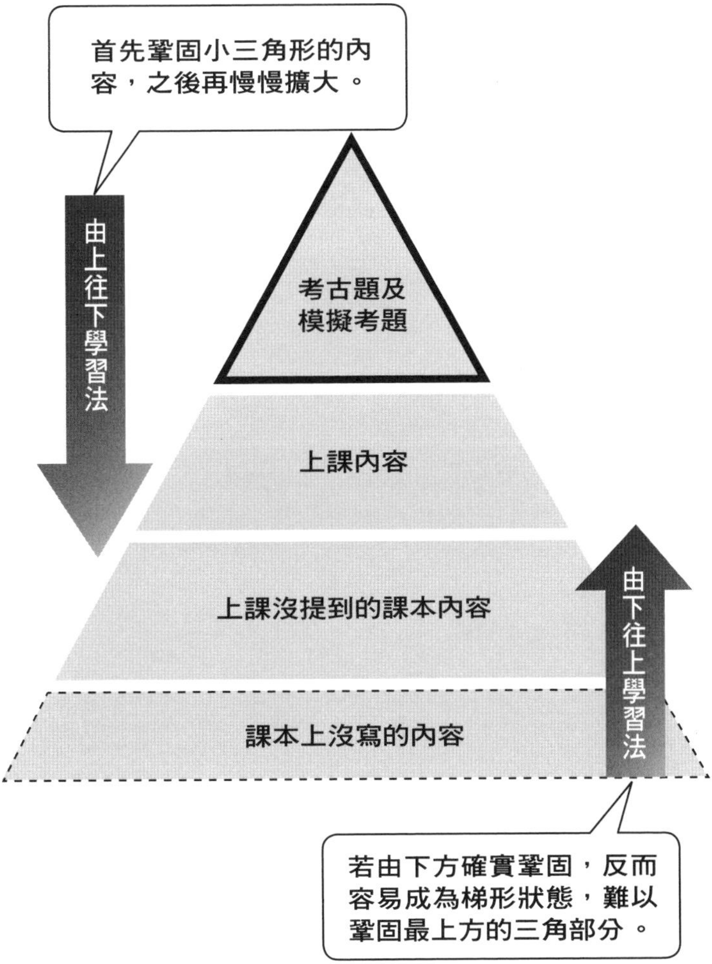

戰術篇

「達到成果」的超速學習法

第1章

思考考取目標的念書方法

選擇正確的資訊

想在短時間內考上，就不能成為念書方法的評論專家。念書方法的數量，不一定與考上的機率成正比。事實上，甚至極有可能成反比。

各位讀者所需要的，是熟讀本書「戰略篇」的內容，並加以融會貫通。如果能將短時間內考上的人的觀點，轉換為「自己的想法」，那麼我們便能學會獨立思考，並選擇具體的念書方法，也就是所謂的「戰術」。（具體內容將於本章說明。）

倘若各位讀者因為蒐集資訊而不知所措，那麼現在就停止吧！只要勤加磨練自己的思考能力，自然就能看見必要的資訊。答案，全部都在自己身上。

考生最初須謹記的事

下象棋時，首先必須記住棋子的走法。連走法都不記得的人，要下得一手好棋，無疑是天方夜譚。但令人感到吃驚的是，證照考的考生中，竟然有大部分都不清楚該考試的合格標準與各科配分。

當然，證照補習班也有從頭到尾，鉅細靡遺地指導考生的義務，但令人意外的是，大家似乎都容易忽略這最重要的「第一步」。因此，我總在最初的課程中向學生們一語道破：

「首先你們要牢記的，便是考試的『合格標準』與『各科配分』。請將它們謹記在心，即使睡到一半被叫起來問，也要能正確地回答出來。（笑）」

在往後的學習或課程中，倘若能持續保有『**今天的學習掌握了多少分數**』的自覺，則可幫助我們大大地提升對知識的吸收能力。

勿忘優先順序

某天晚上課程結束後，坊田跑來找我，臉色顯得有些黯然。

「老師！最近時間不夠，都趕不上計畫進度了。我該怎麼辦呢？」

「怎麼了？感覺你最近都沒什麼精神，我有些擔心呢！」

上回碰面時，坊田的臉色，明顯比上次輔導時那張意氣揚揚的臉來得沒精神，我不由得有些擔心。

「其實，我又開始了一份新的打工，這份工作很辛苦，最近我每天幾乎只能睡四個小時。上次的課前指導中，雖然學到了擬定計畫時的必要事項，卻遲遲無法將計畫付諸實行。」

「原來如此，真是令人驚訝……你無論如何都得打那份工嗎？」

「也不是這樣，只是感覺都這把年紀了，不能再渾渾噩噩地過日子。所以才在晚上不用上課的時間兼了一份差。」

我對他的回答有些失望，語氣不禁開始著急了起來。

「咦？你現在的工作不就是『念書』嗎！竟然還因為打工太累，導致無法好好念書，這樣不是本末倒置嗎？」

「話是這麼說沒錯……但也不能光顧著念書……」

「問題在於優先順序。你心中將『考上』放在什麼樣的位置呢？」

「當然是放在第一順位……」

「既然如此，所有的行動標準就應該以『明年考上』為最優先的考量啊！」

坊田避開了我的視線。

「是，您說得沒錯……只是就現實面來說，這份工作才剛開始，不能馬上辭職，況且我也想趁機多存點錢……」

聽完坊田的回答後，我也突然清醒。意氣用事是我個人的壞毛病，畢竟坊田也有他自己的生活。我想，「如何有效利用有限的時間」，將成為我和坊田今後的一大課題。

不許「找藉口」的理由

「對不起，我說得有點過份了。我們與其想『時間不夠』，不如一起來想『該如何利用有限的時間』吧！」

「我也清楚這個道理，卻無法付諸實際行動。愈想到自己的無能為力，便愈無法開始著手進行……人就是這樣的動物，雖然懂得道理，卻無法化為行動。」

坊田難得表達了自己的想法，我相信那是他的肺腑之言。然而，不知道他有沒有發現，光是那句真心話裡，他就提到了三次「無法」，讓我也開始不安了起來。

「你有沒有發現剛剛所說的話，全都是『藉口』？」

「咦？我並不覺得那些是『藉口』啊！而且我本來就不喜歡找『藉口』。」

「那麼，坊田先生，你認為什麼才是『藉口』呢？」

「『藉口』是將無法做到的事，怪罪到自身以外的理由上。我並沒有推卸責任，所以我不認為那是藉口。」

「你的想法也沒錯，但我卻有不同的看法。」

「那老師認為什麼是『藉口』呢？」

「我認為，所謂的『藉口』，是指『尋找無法去做的理由』。」

坊田一臉認真地點了兩下頭。

「坊田先生，我想請問你，為什麼『找藉口』不好？」

「我從來沒有認真思考過這個問題呢！大概是因為從小到大，父母和老師都灌輸我『不許找藉口』的觀念吧！」

「這個問題其實許多人都答不上來。我認為『找藉口』去將自我行為正當化並沒有錯，錯的是尋找藉口來滿足現狀的舉動。想法會轉為現實，一旦我們心中接受了這個藉口，便難以再有所成長。」

「原來如此！每次和老師聊完後，我都會感到豁然開朗，但回到家自己就又想不出個所以然來。」

「又在找藉口了！」

說完這句話，我們兩人都笑了。

這時相川正好下課，從外窺探著我們的教室。我心想，這是個絕佳的機會，便向她招了招手。

「這個班感覺比較有趣啊！」

相川笑咪咪地走進了教室。於是，我便向兩人建議之前就開始籌備的計畫。

「坊田先生，相川小姐，我們三人要不要來組個【思考式考試合格法】的讀書會呢？目的是定期『思考』具體的念書方法。嗯……時間就定在我週六的課程結束後，大約五點在這間教室集合，一起來針對各項主題，磨練大家的思考能力，你們意下如何？」

「聽起來很有趣呢！」

相川馬上附和道。然而，坊田卻一臉認真地問我：「具體來說，是要談什麼主題呢？」

「主題當然由你們提議，每個主題都不可能只有一個答案，我們三個人可以分別從不同的角度來進行『思考』。」

「哇！感覺可以學到很多東西呢！那就請老師多多教導了！」

「這你就錯了。【思考式考試合格法】讀書會，是希望你們自己去思索答案，我不過是個聽眾而已。」

坊田和相川對看一眼後，相川便發問道：「老師，這個讀書會對我要參加的考試有幫助嗎？還是……」

「當然有幫助，我們會一起思考在準備考試上最基本的元素。」

「老師，那我們現在就來決定主題，這樣我們才能事先做好充分的準備。」

「不愧是相川小姐。好，那我們現在就來決定主題吧！」

經過一番商議後，我們決定將【思考式考試合格法】讀書會的主題分為五次討論。第一次就定在本週六下課後五點，在這間教室集合。

【思考式考試合格法】讀書會的主題	
第一次	磨練『情報加工』的技巧——深耕課本
第二次	磨練『答題』的技巧——反覆操作的魔法
第三次	磨練『情報整理』的技巧——比較認識法
第四次	磨練『落實記憶』的技巧——計畫分工
第五次	磨練『自我管理』的技巧——自我宣言筆記

第 2 章

磨鍊「情報加工」的技巧——深耕課本

盡可能多發掘問題

隔週的禮拜六下起了雨，下午的課程結束時，相川面帶緊張地走進了教室。她似乎今天也在自修室念書。剛上完課的坊田，一看到她的出現，露出驚訝的表情。他可能忘記要參加【思考式考試合格法】的讀書會了吧！

等教室中的學生全部回去後，我們三人面對面地坐了下來。或許是出於緊張，相川和坊田都沉默不語。最後，我率先開了口：「接下來，我們就開始第一次【思考式考試合格法】的讀書會吧！首先，我先來說明這個讀書會的基本方針，也就是未來探討的方式。我們舉辦這個讀書會的目的，並不在於找出最好的念書方法，而是盡力發掘自己念書方法的問題所在。」

「盡力發掘問題所在？」相川和坊田難得地同聲問道。

「沒錯，『發掘問題』就是我們舉辦讀書會的目的。藉由這段發掘問題的過程，才能『對自己的念書方法抱持信心』。因為我認為，**許多考生之所以拚命用功，卻依然落榜的原因，在於對自己的念書方法感到惶恐不安。**」

「我明白老師的意思。老實說，我也常常對自己的念書方法感到懷疑……」

坊田的雙眼露出些許光芒。相川也一邊看著坊田，一邊微微點頭。原來像相川這種優秀的學生，也仍有這方面的煩惱。

「坊田先生還真是坦白呢！請放心，透過這個讀書會，你一定能重拾信心的。」

「那麼，我們應該如何進行呢？」相川迫不及待地問道。

「我希望大家自由發表意見，重點不是批判對方，而是提出和問題相關的看法。針對大家的意見交流，我會從旁負責整理。這個讀書會的主角是你們兩人，所以請務必積極發言。」

「也就是腦力激盪（brainstorming）的方法囉？」

「是的。基本上，我希望以坊田先生所說的腦力激盪法，來進行這次的讀書會。」

製作重點整理反而危險？

「那我們就直接開始吧！首先，今天要探討的是『情報加工技術』。坊田先生曾經問過我『是否該製作重點整理』，而這個問題便是我決定本次主題的靈感來源。坊田先生，你有什麼看法呢？」

「嗯……我目前才剛開始準備第二科，現階段的情況是還好，但之後其他新的科目接踵而來，我認為，還是應該趁現在較有餘裕的時候，盡快著手製作重點整理為佳。」

聽了坊田的發言後，我十分期待相川的反應。但她似乎有所顧忌，露出欲言又止的表情。因此，我只好主動詢問：「那麼，接著我們便來思考『為何要製作重點整理』這個問題。相川小姐，針對這一點，妳作何想法呢？」

「我想，這是由於要背的東西愈來愈多，為了盡量減輕考前的負擔，才會製作重點整理。」

「沒錯，這的確是考生的心聲。不過，倘若是基於這種想法，製作重點整理反而非常危險。」

「為什麼呢?老師。」坊田不安地問道。

「因為即使是我們補習班的課本，也無法百分之百涵蓋所有的考試知識喔！不，應該說沒有任何一本課本，可以囊括全部的範圍，遑論擷取自課本內容的重點整理了。倘若一再複習所謂的重點，反而會令我們畫地自限，造成反效果。」

不要在「製作」上鑽牛角尖！

「原來如此。那老師在準備考試時，也沒有製作重點整理囉？」坊田像是要確認般地問道。

「不，我也做了。」

「咦?!」

相川和坊田異口同聲，面露不解地看著我。

「不過目的不同。我之所以製作重點整理，不是為了少記點東西，而是為了『整理情報』。」

「『整理情報』……這是什麼意思呢？」

相川似乎也對重點整理的製作相當感興趣。

「我當時是用B6大小的插頁，樣子就像大型的單字卡。做完習題後，我便按照自己的方式，將教科書的內容整理出來。那段時期，我一邊準備證照考試，一邊跑業務。因此，我便將情報卡放在公事包內，在拜訪客戶的空檔時拿出來研讀。」

「您總共做了幾張情報卡？」

相川立刻問道。

「一科大約十張。如此一來，就能將所有科目集結在一冊。」

「一科僅做十張……為什麼您會這麼決定呢？」

「這是為了**不要在『製作』上鑽牛角尖**。開始製作重點整理後，會發現自己愈來愈計較製作的方式，然後便會一味地要求製作的系統性。然而，這對考生來說是非常危險的。**製作重點整理不過是種手段，並非最終目的**，但我們卻會在不知不覺中偏離了原本的目的。」

「所以重點就是，重點整理不需要系統性。」

相川果然一語中的。

「正是如此。重點整理有數不清的形式，但【思考式考試合格法】讀書會的目的，並非要告訴你們『不要做重點整理』，而是要教導你們『什麼樣的重點整理才能幫助我們念書更有效率』。」

「老師，老實說，我現在才終於了解這個讀書會的目的。就是要我們思考，如何使學習方法更貼近考試的現實需求，對嗎？」

「是的。因此，如果重點整理能確實發揮應有的功用，那麼製作也未嘗不可。」

☀「問題筆記」的最大弱點

「那將做習題時答錯的部分整理出來，也就是所謂的『問題筆記』，對我們的念書成果是否有效呢？」這次換相川發問了。

「似乎許多準備考高中或大學的考生，都會做『問題筆記』。當然『問題筆記』也有它的優缺點。舉例來說，它的優點是什麼呢？」

「將答錯的內容寫下來，就能反覆複習自己容易混淆的內容。」

坊田點頭表示贊同。

「沒錯。考試若想合格，最忌諱的就是重蹈覆轍。以這個觀點來看，『問題筆記』確實有效。那缺點呢？」

「缺點？是製作耗時嗎？」

兩人都狐疑地偏了偏頭。

「我認為，**『問題筆記』最大的弱點，在於無法幫助我們進行系統性的理解**。而準備法律相關科目，必須深入了解每道題目的定位，才能融會貫通。若只是按照答錯的順序來整理筆記，便無法達到通盤性的理解。」

「那我們應該怎麼做呢？」坊田依然和平時一樣，一有疑問便立刻急著尋求答案。

「這個問題，我希望你能自己思考一下。（笑）」

「我知道了！老師是要我們『深耕課本』吧！」

不愧是相川，馬上就能舉一反三。反觀坊田卻還是一臉疑惑。

「沒錯。課本的內容是具有系統性的，**只要將答錯的部分寫在書中的相關內容旁，就能自然達成系統化。**這個方法不僅限於答錯的習題，衝刺期時的答題練習及模擬考也同樣適用。」

「原來如此！這就是『深耕課本』的意思啊！」

「不，我所說的『深耕課本』還有更深的層面。但這個問題我們改天讀書會上再討論，今天就先從別的觀點來探討吧！先問你們，深耕課本有哪些方法呢？」

坊田馬上答道：「直接寫在空白處，空間不夠時就寫在其他紙張上，最後再用膠帶貼在課本上，或使用便利貼。」

「最好別用膠帶，」相川馬上給了坊田建議。「膠帶沒辦法移動，衝刺期時會造成念書的妨礙。」

「我也贊成相川小姐的說法。建議盡量直接將重點寫在課本上，倘若空間不夠，也可以有效使用便利貼。現在的便利貼有多種款式可供選擇，使用起來非常方便。」

「天啊！我之前都是寫在紙上再用膠帶貼的。好！從今天開始，我要轉記到便利貼上。」

「坊田先生，請等一下！現在開始轉記太浪費時間，從今天起改用便利貼就好了。我們現在談的只不過是『手段』，不需在上頭太鑽牛角尖，儘可能節省時間才是最重要的。」

「關鍵就在於『不要太鑽牛角尖』。」相川替我下了結語。

單字卡要現做現用

「那麼除此之外，你們還能想到哪些情報加工的手段呢？」

「最原始的應該是單字卡吧？」相川立刻答道。

「我之前也瞞著老師用過單字卡。（笑）那時，我會在上面寫下記不住的數字或公式，在上廁所或洗澡時拿出來背。」

「哇，原來單字卡還能這樣用……既然相川小姐都這麼說了，想必是萬無一失吧。」

「我也不反對使用單字卡。單字卡的優點在於可以隨意插頁或丟棄，只是空間小，所以**需要抓重點寫**。」

「這樣啊！所以為了掌握抓重點的訣竅，我們應該鍛鍊自己的『思考能力』，對嗎？」

「沒錯。坊田先生，看來你愈來愈了解這個讀書會了。（笑）另外還有一個重點，使用單字卡要和相川小姐的做法一樣，現做現用才會有效。如果做完後便閒置不用，等到衝刺期才一次研讀，這樣製作單字卡不過是浪費時間罷了。」

「照這樣看來，**單字卡的重點，在於『現做現用』**，對吧？」

「可以在製作前先思考『何時要讀』。如果無法確定時間，就最好先停手。」

「感覺好充實喔！我們在一個小時內，就歸納出三項重點……實在太有收穫了。」

一個小時……聽到相川的話我有些吃驚。猛然抬頭一看，窗外已是一片漆黑了。

「時間也差不多了，那我們的第一次讀書會就到此結束吧！最後，請坊田先生說說今天『情報加工技術』的三項重點。」

坊田瞬間瞪大了眼睛，但還是確實唸出了他抄在活頁紙上的三項重點。

◎關於「情報加工技術」的三項重點◎

❶ 不須系統性

❷ 不要鑽牛角尖

❸ 現做現用

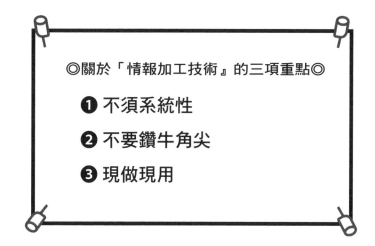

第3章
磨練「答題」的技巧——反覆操作的魔法

始於考古題，終於考古題？

一個禮拜轉眼即逝，週六下午的課程結束後，相川笑咪咪地走進了教室。這一次，坊田看到她，並沒有露出半分吃驚的表情。下課之後，我一邊回答學生提出的疑問，一邊著手準備今天讀書會的內容。接著，我坐到他們兩人面前，說道：「明年考試的考古題即將出版了呢！」

「是啊！又到了這個時期了。老師，一年的時間真的過得好快呢！」

相川瞇著眼睛回答。

「老師，如果要做題庫練習，是否應該以考古題為主呢？」

「坊田先生，你為什麼會這麼認為呢？」

「因為很多參考書上都有寫：準備考試，應該要『始於考古題，終於考古題』啊！」

「我也了解考古題的重要性，但我認為，考古題並不等於一切。」

「老師，您說的是什麼意思呢？」

「光是抽象說明也無濟於事，我們一起來思考具體的做法吧！首先，坊田先生，請問你練習考古題的目的是什麼呢？」

「嗯……由於考古題都是以前考試中曾出現的題目，勤加練習，可以幫助我們了解出題的方向和難易度。另外，考古題也可以作為未來考試的參考指標。」

「真不愧是坊田先生，想得這麼深入……我從來都沒仔細思考過這個問題呢！」

「可是，妳也有練習考古題吧？」

「其實，除了課本上的考古題之外，我很少再多做其他的練習，因為老師並沒有這樣要求過……」

「咦！是這樣嗎？老師？」坊田大感意外地叫了出來。

「是的。因為你只報名考前的答題練習和模擬考試，所以才不知情。現在，我們一起來深入思考這個問題吧！首先，考古題大致可分為兩大類，你知道是如何區分的嗎？」

「這個嘛……是以項目和年份來區分嗎？」

「沒錯，這兩大類的目的各有不同。如同你剛才所說的，『以項目區分的考古題能幫助我們了解出題的方向和難易度』；而『以年份區分的考古題，則能幫助我們有效分配時間，以及測驗自身的實力』。」

「那麼，老師為什麼會對考古題持否定的態度呢？」

「我並沒有否定考古題的重要性，只是以項目區分的考古題，題目出得太細，反而會導致初學者誤解考試的出題方向和難易度。」

「老師，請您再說得更具體一點。」坊田似乎急於知道原因所在。

「坊田先生，相信你一定聽過『**試題中，光是基礎知識就佔了七成**』這句話。關於這點，我也十分認同。然而，考古題中卻包含了許多基礎知識以外的內容。因此，當初學者接觸到考古題時，常會引發『**是否課本的說明不足？**』之類的誤解，以致於反向追求更細微的知識。」

「也就是由上往下學習法中最底層的內容吧！老師也常強調，『辨別自己能力所及與能力所不能及的問題是非常重要的』。」相川適時地補充說明道。

「是的，所以我才會說『考試就像一個三明治』。」

「三明治？」

「沒錯。考試的出題方式就像三明治一樣，由困難的問題和簡單的問題相互交錯而成。所以，考生必須確實掌握基本問題的分數。而要做到這一點，其實並不需要考古題，只要一本品質良好的題庫練習，便可以鞏固我們的基礎實力了。」

「原來如此！一般的題庫也可以啊……」

「雖說是一般題庫，但其中的題目幾乎都是考古題的精華所在。因此，我認為這兩者皆可達到我們的需求。」

「那麼，以年份區分的考古題呢？」

「當我們鞏固了基礎實力之後，便可以利用以年份區分的考古題，來訓練自己辨別問題的難易度。我並沒有『否定考古題』或『禁止同學做考古題』的意思，只是業界流傳的『考古題至上主義』，會誤導學生抱持一種『只要做考古題就好』或『一定得將考古題背得滾瓜爛熟』的迷思。除了匡正這一點之外，我希望每一位考生，都能確實思考考古題的定位。」

「謝謝老師，我完全了解了。」

「簡答題」比「單選題」更深入？

談到這裡，相川突然開口問道：「老師，我從以前就有個疑問：題庫分為五選一的『單選題』和『簡答題』兩種出題形式，其中哪一種對我們比較有幫助呢？」

我還來不及回答她，坊田便開口說道：「聽說即使做完全部的『簡答題』，最後還是必須練習『單選題』，才能提高得分的機率，沒錯吧？老師。」

「咦！不會吧？這怎麼想都不可能啊！」

「您為什麼會這麼說呢？」

「因為在『單選題』五選一的情況下，只要能判斷其中三項的對錯，基本上就可以順利找出正確答案。即使在其餘兩項中猶豫不決，但經過仔細的考慮和比較後，寫出正確答案的機率大約仍有百分之七十左右。然而，倘若換成『簡答題』就行不通了，答題時必須針對每個問題，明確地指出是○或是×。

因此，照這樣看來，比起一問一答式的『簡答題』，把練習重點放在『單選題』反而會降低得分機率呢。」

「也就是說，『簡答題』的演練對我們比較有幫助囉？」

「過去的題庫只有『單選題』一種形式，後來加入了『簡答題』，我認為這是應考技巧上的一大突破。然而，『簡答題』和『單選題』之間，並沒有絕對的優劣存在，畢竟只要一步步針對單選題的每個選項進行理解，也能達到同等的效果。」

「老師，那考古題也是同樣的情形嗎？」這次換相川提出了疑問。

「當然，『**相同的考古題的確會反覆出現在考試當中**』。不過，題目與答案完全一模一樣的題目很少會在隔年出現；但去年是錯的選項，今年反而變成正確選項的案例卻相當頻繁。正因為如此，我們才必須確實理解每一個選項的問題所在。」

「那麼，老師所提倡的『×問題』和『簡答題』之間，又有什麼不同呢？」

聽到「×問題」這個名詞，坊田立刻做出了反應：「嗄？什麼是『×問題』？我從來沒聽過耶！」

坊田的一無所知，著實令我嚇了一跳。

「坊田先生，你大概不知道吧！（笑）大約從兩年前開始，我就在免費的電子雜誌等刊物上提倡這種新的題型。簡單來說，『×問題』是『簡答題』的最佳輔助教材，可以將答題練習的效果發揮至極限。」

「換句話說，也就是答案全部都是『×』的問題囉？」

「沒錯。重點不在於答案是〇還是×，而是『出題的理由』。我提倡的『×問題』便有助於我們釐清這一點，可說是最有效率的學習方法。」

「原來如此！所有問題的答案都是×啊……真想練習看看呢！」

掌握記憶的程度

「雖然這些也很重要……不過啊，老師，我們今天還沒有進入正題呢！」

「所謂的正題是……？」

轉眼間，相川又恢復到平時一臉認真的表情。

「就是坊田先生之前問過的『**反覆練習的訣竅**』……」

「啊！對了！就是之前我們曾經在個別指導中談過的話題。老師一直強調要『反覆做題庫練習』，但我真的排不出時間，希望老師能告訴我其中的訣竅。」

「在那之前，坊田先生，請問你知道人的記憶有程度之分嗎？相川小姐，妳還記得嗎？」

「我記得。記憶可分為三天內忘記、一週內忘記和一個月內都不會忘記等不同的程度。您指的是這件事吧？」

「是的，而我們現階段努力的目標，便是要將記憶力提升至即使經過半年，也不會忘記的程度。坊田先生，你認為應該怎麼做呢？」

「嗯……我想，也只有靠不斷地反覆練習了。」

「完全正確！**記憶的程度和我們練習的次數成正比**，這一點非常重要。坊田先生，請你務必牢牢記住。」

「照這樣看來，考試還是在考死背的工夫囉？」

「雖然我很不喜歡這種說法，但也確實無法否認這項事實。應考的實力，有如『理解』和『記憶』所組成的兩個車輪，缺一不可。」

「老師，您可以再說明得更詳細一點嗎？」

「許多人都輕忽了『記憶』的重要性，一心只想盡快追上進度，最後反而欲速則不達，這種情形尤以自修的學生為甚。事實上，這也是我本身的經驗談。（苦笑）若要比喻準備考試的過程，我認為，那就像是攀岩運動一樣。」

「攀岩運動？您說的是沿著陡峭山壁，一步步向上爬升的運動嗎？」

「是的。假如沒有打好腳踩點的固定樁，那麼無論手腳如何移動，身體都無法向上攀升。準備考試也是相同的道理，倘若沒有打好記憶的固定樁，自然就無法增進實力。」

「這也是老師的獨家說明呢！」

「這樣一來就很容易想像了吧！（笑）法律知識都是層層累積而來的，同樣地，『理解』也必須建立在『記憶』的基礎上。」

善用「反覆操作的魔法」

「老師，您所說的記憶程度，我已經完全了解了，請您快點告訴我『反覆練習的訣竅』吧！」坊田按耐不住地說道。

「好。那麼，坊田先生，我先請問你一個問題：當你解開一個題目之後，大約隔多久才會練習第二次呢？」

「嗯，我會在忘記答案後再練習一次，所以大約是一個月之後吧！」

「好。那麼同樣的問題，請問相川小姐的做法為何呢？」

「**我一定會在隔天重新練習一次**，因為老師是這麼教我們的。」

「咦！可是隔天都還記得答案啊，不是嗎？」

坊田將眼睛睜得更大，目不轉睛地盯著我。

「那也不要緊，因為本來就是為了加深印象，才需要進行反覆練習。當然，如果只是死背『這題的答案是C』就沒有意義了。（笑）」

「所謂『反覆操作的魔法』，就只是在隔天重新做一次相同的題目而已嗎？」

「別那麼洩氣嘛！這就是我所說的『**反覆操作的魔法**』喔！」

「可是，老師，這怎麼能算是魔法呢？請您告訴我。」

看樣子，坊田似乎完全渾然未覺。

「那我就具體地說給你聽吧！我接下來要說的話非常重要，請你確實地記下來。坊田先生，假設你練習十題單選題要花一小時，照你的做法，你會在忘記答案之後，才回頭重新練習這十道題目，而這一次花費的時間依然一小時。等到第三次練習時，也會是同樣的情形。這樣一來，你總共要花費多少時間，才能反覆練習三次呢？」

「當然是三小時啊！」

「不錯。然而，如果和相川小姐一樣，利用『反覆操作的魔法』，情況又會是如何呢？由於她在隔天便進行第二次練習，所以只要花上三十分鐘就綽綽有餘了。而再隔一天練習第三次時，大約只要花十分鐘確認答案即可。等到第四次練習時，只要五分鐘的時間就足夠。以此類推，接下來的兩天都只需要五分鐘來確認答案。這樣算下來，到目前為止可以練習多少次呢？」

坊田仔細看著活頁紙答道：

「六次。」

「那一共花了多少時間呢？」

「嗯……加起來是一小時又五十五分鐘。」

在坊田說出答案之前，相川便開口道：「也就是說，**利用『反覆操作的魔法』，可以花最少的時間，加倍問題練習的次數，達到事半功倍的效果。**」

「不過，我總覺得花費的時間少，記憶的程度也會自然降低……」

「坊田先生，你忘記『記憶的程度和練習的次數成正比』這項大原則了嗎？」

「啊！對耶！沒錯！究竟想出這個『反覆操作的魔法』的人是誰呢？」

「這也是老師的獨家秘訣吧？」

在我回答之前，相川搶先一步說出了答案。

「老師，真希望我能早一點知道『反覆操作的魔法』啊！從明天起，我就要照著這個方法來念書了。老師，謝謝您！今天真是獲益良多呢！」

說完後，坊田便將紙筆收進他的綠色運動背包中。我抬頭看向窗外，天色已是一片灰暗了。

◎運用「反覆操作的魔法」，便可達到事半功倍的效果！◎

坊田的做法

第 1 次	10 題	1 小時
第 2 次	（1 個月後）	1 小時
第 3 次	（2 個月後）	1 小時
共計 3 次		**3 小時**

運用「反覆操作的魔法」

第 1 次	10 題	1 小時
第 2 次	（隔天）	30 分
第 3 次	（再隔天）	10 分
第 4 次	（3 天後）	5 分
第 5 次	（4 天後）	5 分
第 6 次	（5 天後）	5 分
共計 6 次	**1 小時**	**55 分**

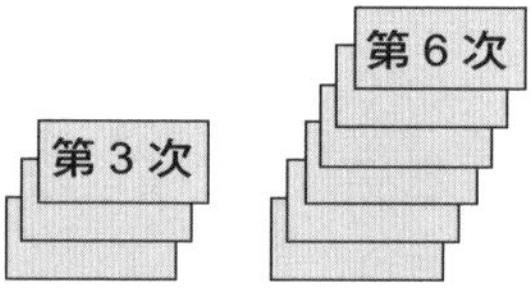

不間斷地持續反覆練習，即可在短時間內達到事半功倍的效果！

◎『答題技巧』的三項重點◎

1. 一邊解題，一邊思考各選項的出題理由
2. 記憶的程度和練習的次數成正比
3. 運用「反覆操作的魔法」！

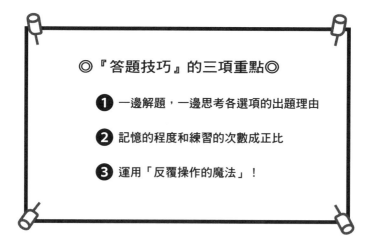

第 4 章

磨練「情報整理」的技巧——比較認識法

考試要求的能力為何？

結束了週六下午的課程後，我站在教室的窗戶前，向下遠眺百貨公司前方偌大的聖誕樹。此時，相川和坊田走了進來。

「老師，上次的讀書會真的對我很有幫助。回去後，我立即開始運用『反覆操作的魔法』念書，慢慢體會到了老師的用意。『理解』和『記憶』，果然是相輔相成的兩個車輪呢！」

「很榮幸能幫上忙。不過，我們今天要談的可就更加重要囉！」

由於桌椅都已排好，我們三人便立即就定位。坐下後，坊田首先開口：

「嗯……今天的主題是『情報整理』。但在第一次讀書會時，我們已經探討過『情報加工』的技巧了，老實說，我實在不太清楚今天要談論的內容是什麼……」

「我想，今天應該是要探討『深耕課本的方法』吧！不是嗎？」

「啊！沒錯，我也想請教『深耕課本的方法』。老師，一切就拜託您了。」

坊田攤開活頁紙，手握著原子筆。

「正式討論之前，我想先請大家思考『考試要求的能力為何？』這個問題。關於這一點，相川小姐，妳有什麼看法呢？」

「嗯……我認為應該是正確的知識及判斷能力。」

「原來如此。那麼坊田先生呢？」

「我想，法律考試要求的，應該是對於法學的思考方式吧！」

「這樣啊。雖說是相同的考試，你們兩位的看法卻截然不同呢！」

「老師，那哪一個才是正確答案呢？」

坊田一臉認真地問道。

「你們的答案都是對的。只不過，我希望大家藉由思考這個問題，進一步發現『情報整理』的方法必須因應實際情況而改變。」

「那麼，老師對這個問題有什麼看法呢？」這次換相川發問了。

「我認為，考試要求的是『整理情報的能力』。具體來說，也就是**『如何正確理解各項複雜的知識，並在腦海中加以整理』的能力**。」

「那麼我現在正在準備的考試呢？」

「基本上也一樣需要這種情報整理的能力。同為法律的考試，只不過出題的形式有所差異罷了。」

「具體來說呢？」

「比方說，倘若是論文形式的考試，那麼重點便在於對法律整體的看法；如果是畫卡作答的方式，便應該加強整理情報的能力。」

「那麼，這兩種考試所要求的『情報整理能力』有什麼不同呢？」

「論文形式的考試，必須熟讀各項法律的正確定義，進而理解法律的全貌，並寫成具有邏輯性思考的文章。因此，我認為以流程圖等圖形整理的方法最能達到事半功倍的效果。」

「那畫卡作答的考試呢？」

「畫卡作答的方式則和論文形式不同，講求的不是對於法律的通盤理解，而是更細部的知識整理。」

「那我們應該採取什麼樣的『情報整理』技巧，才能確實整理細部的知識呢？」

「坊田先生，這就要靠你自己思考了。（笑）」

養成自己思考的習慣

「老師，您就別賣關子了，至少給我一些提示嘛！我一點頭緒也沒有……」

「坊田先生，原因不在於思考能力，而在於你缺乏自己思考的習慣。只要你意識到這一點，就能看清楚許多事情。」

「是，我會盡力培養這個習慣的。但如果我不小心忘記的話，還是要請老師多多提點喔！」

「好，我會努力鞭策你的。那麼，坊田先生，就請你先舉幾個你知道的『情報整理』技巧吧！」

「嗯……我知道的技巧，大概就是『橫向整理』和『縱向整理』吧！」

「好的，這兩個算是代表性的例子。一般來說，『橫向整理』是用來整理各科目之間的共同項目；而『縱向整理』則是用來整理單一科目中的相似項目。」

「老師，還有其他的『情報整理』技巧嗎？」

坐在坊田身旁的相川笑咪咪地朝我看來。

化知識為智慧

「好吧！（笑）坊田先生，那就請你先思考『情報整理』的關鍵所在。你認為，整理情報最重要的目的是什麼呢？」

「是記憶嗎？」

「沒錯，就是記憶。整理的工作做得再好，假使無法在考試時派上用場，那麼一切都是白費工夫。至於這個為考試而整理複雜知識的動作，便是『化知識為智慧』的過程。」

「化知識為智慧？」坊田立即取出了筆記。

「是的。當我們準備的考試講求情報處理的能力時，便應該**將『化知識為智慧』的過程，作為念書的核心**。」

「可是，老師，我已經看膩了市售的各種『橫向整理』和『縱向整理』的書籍了。難道一定得熟記所有的內容，才能達到合格的目標嗎？」

「不，沒有那個必要。說來諷刺，但如果依照市售書籍的做法，毫無遺漏地通盤整理所有的知識，反而會因此模糊了出題率高的重點呢！」

「老師，您的意思是，我們應該自己做『橫向整理』嗎？」

「不是的。雖說有許多優秀的人材，因為要完整背下別人整理的重點太過辛苦，從學生時代起便開始自己做整理，但我相信，一般的考生並沒有多餘的時間做『橫向整理』。我們的目的，是藉由這段整理的過程，來釐清自己的頭腦思考。因此，市售書籍所使用的方法，只須作為參考，不必全盤接收。」

「那麼我們應該怎麼做，才能化知識為智慧呢？」

「簡單來說，我認為只要**將出題率高的重點，以題目的型態來做整理**即可。」

「那……有什麼方法呢？」

坊田開始焦躁了起來。相川見狀，便主動向他伸出援手：「就是老師所倡導的『比較認識法』吧！」

「比較認識法？喔，對了，老師確實常在課堂中提到……那是『情報整理』的技巧嗎？」

聽到這句話，我整個人就像一顆洩了氣的皮球。

「哈哈哈……老師，看來您還是『無名太朗』呢！」相川樂得大笑了出來。

「唉，坊田先生，你就饒了我吧！早在三年之前，我就已經在網站和電子雜誌上介紹過『比較認識法』了。」

「啊！這個……我有聽過這個名詞，但老實說，我實在想不起來內容是什麼……老師，對不起，虧我還是您的學生……」

「不要緊、不要緊，畢竟我還是『無名太朗』嘛！那麼，我們今天就為坊田先生具體說明『比較認識法』吧！」

幫助發揮應考實力的「比較認識法」

我向坊田借了一張活頁紙，接著便以「×問題」的方式，在上面寫了一道

「勞動基準法」的基本題目。

【×問題】僱主不可因勞工為女性，而於勞動報酬、時間及其他條件之上，採取差別待遇。

「坊田先生，麻煩你說明這一道題目。」

「啊？這是『勞動基準法』的問題嘛！呃……應該怎麼說呢……」

「坊田先生，你現在在思考什麼呢？」

「嗯……我在思考這個題目的答案是〇還是×。很久以前曾經唸過，但現在忘記了……」

「坊田先生，這不是是非題，而是『×問題』，答案全部都是×喔！（笑）」

「啊！對耶！」

坊田一邊以右手搔著腦袋，一邊說道。

「如果相同的題目換成『簡答題』的形式，那麼答案便如同以下的說明。」

說完後，我便接著在活頁紙上寫下左側的答案。

【解答】根據勞動基準法第四條所述，「僱主不可因勞工為女性，而於勞動報酬上採取差別待遇」，其中並未禁止僱主在「勞動時間及其他條件」之上採取差別待遇，因此答案為×。

「看了這段解說之後，你有什麼想法呢？」

「嗯，我覺得無法作答是因為自己沒有背熟勞基法第四條，必須努力加強記憶才行。看來，正確地熟記法條的確非常重要呢！」

「正是因為這種想法，許多考生都將重點放在法條的背誦上。然而，老師出題的目的卻不在於此。」

「可是，我實在無法顧到這麼多……」

「剛開始任誰都是這麼想的。**但只要掌握『比較認識法』的訣竅，每個人都可以看穿老師的出題目的。**」

「那麼，這一道題目的出題目的是什麼呢？」

「『勞動基準法』的第三條中，有一則條文和第四條非常相似，你還記得吧？」

> 第三條：「僱主不可因勞工的國籍、信仰及社會地位等理由，而於勞動報酬、時間及其他條件之上，採取差別待遇。」

「我記得、我記得，就是這條平等待遇的條文嘛！這麼說來，原來這道『×問題』是和第三條相互替換而產生的……」

「是的，出題者的目的，便是測驗考生能否仔細區分第三條和第四條的內容。而『比較認識法』的功能，正是將這兩則條文互相比較後，再加以分析整理。」

「老師，那我們可以透過『比較認識法』，來比較『男女僱用機會均等法』中，除了勞動報酬以外的所有項目嗎？」

一直在旁靜靜點頭的相川突然開口問道。

「嗯，由於第四條也同樣禁止性別上的差別待遇，所以是可以和『男女僱用機會均等法』互相比較的。換句話說，『比較認識法』的觀念是可以無限延伸的。因為**『比較認識法』的功能，就在於『整理出題者的出題目的』**。」

我一邊說明，一邊在活頁紙上畫出下面的圖形，示範如何以『比較認識法』來解答前一道「×問題」。

「從出題的技術層面來看，『比較認識法』也同樣是一個重要的指標。因為如果以風馬牛不相及的內容，作為錯誤的選項，那麼誰都能判斷得出答案是×。舉例來說，如果將上一題換成這樣的敘述，你們覺得結果會是如何呢？」

◎使用超速太朗獨創的『比較認識法』後◎

註 差別待遇的禁止
●國籍、信仰及社會地位（第三條）
↓勞動報酬、時間及其他條件
●性別（第四條）
↓僅與勞動報酬有關
※關於勞動報酬以外的其他項目，均於「男女僱用機會均等法」中明文禁止

【×問題？】僱主不可因勞工為女性，而於便當的大小之上，採取差別待遇。

「哈哈哈……老師，這樣誰都知道答案是『×』啊！（笑）」

「正因為這樣，所以出題者才會找出類似的條文，以相互替換的方式來出

題。」

「原來如此。所以『比較認識法』的功能，便是幫助我們掌握出題者的目的，並事先比較其中的差異囉！」

「坊田先生，看來你已經完全了解了。（笑）」

「當然啊，我可是【思考式考試合格法】讀書會的一員呢！不過，究竟應該怎麼做，才能學會掌握出題者的目的呢？」

「首先，我們必須養成以『比較認識法』的觀點思考事物的習慣。之後大量練習題目時，對於出題者的出題目的，便能逐漸培養出敏銳的感覺。我在網頁上發行的電子雜誌中，詳細介紹了以『比較認識法』來解讀『×問題』的解題過程。希望你先去註冊，以便作為參考。自從我擔任講師以來，『比較認識法』便一直是我重要的研究課題。」

「『比較認識法』還真是一門高深的學問呢！」

「進一步來說，**光是正確地理解法條的內容，仍然不足以達到合格的標準。只有培養出掌握出題目的的能力時，才稱得上是真正的『理解』**。因此，我認為『比較認識法』不僅是『情報整理』的好幫手，同時也能幫助我們有效地理解內容。」

「我只要一談起『比較認識法』，話匣子就停不下來了……其餘的部份留到下次的讀書會再來檢討。時間也差不多了，今天我們就到此為止吧！」

◎關於「答題」技巧的三項重點◎

❶ 養成自己思考的習慣

❷ 能派上用場的情報，才是有用的情報

❸「比較認識法」亦可有效幫助理解

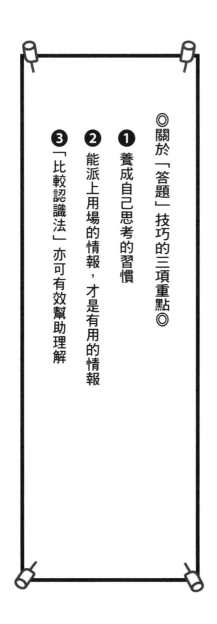

第5章

磨練「落實記憶」的技巧——計畫表的功能

「深耕課本」的訣竅

我非常喜歡喝肉桂咖啡。週六下午的課程結束後，由於相川還沒有到，於是我便急忙趕到附近的咖啡廳，買了一杯香醇的肉桂咖啡和三塊巧克力薄片蛋糕。

「啊，老師，您又買了肉桂咖啡嗎？那個香味一聞就知道了。（笑）」

「嗯，是啊，突然很想喝……來，這個給你們，一人一塊。」

兩人同聲向我道了謝。

「老師，關於上次『情報整理』的技巧，結論就是應該利用『比較認識法』的方式來『深耕課本』嗎？」坊田一邊咬碎巧克力薄片，一邊問道。

「是的，沒錯。上次談『比較認識法』談得太入迷，結果沒有導出結論。儘管『深耕課本的方法』頗有難度，但只要運用『比較認識法』，將重點寫在課本上，就是一條最佳捷徑。」

「今天的課程也是如此。上課時，老師會將『比較認識法』的重點寫在白板上，所以我只要照抄在課本上就好了嘛。」

「如同我上次所說的，**比較認識法的重點是無限延伸的**，除了課堂中提到的重點之外，做題庫練習時，你也可以**將自己意識到的重點寫在課本上**。」

「可是，這對我來說實在太困難了。」

「萬事起頭難，但相川小姐從一開始便做得非常好喔！其中，甚至有些同學乾脆直接將題庫的解說照抄在課本上呢。」

「相川小姐，拜託下次借我看妳去年用的課本吧！」坊田對坐在身旁的相川雙手合十說道。

「這樣就對了，多看看考上的人的課本，一定能從中學習到許多方法喔！」

「老師，請問有沒有『深耕課本』的簡易訣竅呢？」

坊田迫不及待地催促我進入正題。

「**『深耕課本』的訣竅，便是儘可能地縮短重點**，也就是令所有重點一目瞭然的記述方式。常有些同學誤以為在課本上畫線就夠了，但光這樣是行不通的。」

「老師，我就是這樣……」坊田再次搔了搔頭。

「筆記的重點不在於『出題範圍』，而在於『出題方式』。倘若記述的方法錯誤，那麼考前的複習就失去意義了。」

「從前我只會用各種顏色的螢光筆區分『題目的出處』，例如：紅色是考古題，藍色是題庫，黃色是答題練習和模擬考……等。」

「因為這種教學方法在坊間最為盛行嘛！」

找碴遊戲

「老師，這麼說來，今天的主題應該和『落實記憶』的技巧有關吧！不好意思，一談到上次讀書會的內容，我就不小心脫離主題了……」

「不，你完全沒有脫離主題喔！我認為，『比較認識法』正是『落實記憶』的不二法門。」

「說到『落實記憶』，我腦海中只浮現出『諧音記憶法』而已。」

「我也一樣。不過，老師好像不常使用『諧音記憶法』吧？」吃完巧克力薄片蛋糕後，相川終於加入了話題。

「相川說得沒錯，我的確很少使用『諧音記憶法』。然而，在指導考試的教學領域中，至今仍是以這個方法作為『落實記憶』的重要指標。」

「那麼，老師又為什麼不採取同樣的方法呢？」

「我不是完全棄之不用，只不過是盡量避免而已。因為即便使用『諧音記憶法』，最終目的依然在於記憶。而且，所謂的『諧音』都是些毫不相干的內容，我覺得成效畢竟有限。更何況，儘管費心想出了『諧音』，一旦忘記『該在何處使用』，所有的工夫也就白費了。」

「可是我的記憶力很差，如果不以『諧音記憶法』加強，可能就無法記憶了。」

「坊田先生，請你聽好，我們的考試是採用作答的方式，而不是創作式的論文考試。換句話說，我們只要了解題意，然後判斷答案是○或×即可，並不需要完整地熟背內容。只要在看完題目後，能回想起所學的知識，便足以應付考試。」

「老師，關於這一點，可以請您更具體地說明嗎？」這次換相川發問了。

「相川小姐，妳有玩過『找碴遊戲』嗎？」

「是那種刊登在雜誌上的遊戲嗎？」

「沒錯，就是讓讀者比較左右兩張圖片，找出五個相異之處的解謎遊戲。

倘若要分別記下左右兩張圖，再依樣畫在白紙上，這時考驗的就是我們的記憶力了。」

坊田在活頁紙上寫下「找碴遊戲」四個字，接著便屏氣凝神地張大眼睛看著我。

「但是，當我們先仔細確認過左右兩張圖片的五個相異之處後，再讓我們看著右邊的圖片並指出相異的部分，此時便能自然而然地回想起左邊圖片的特徵——這就是我所說的『比較認識法』。」

「換句話說，我們不需要完整地記下左邊的圖片，只要比較『左圖和右圖的不同之處』，便可以一步步認識圖片的原貌。」

相川為我做了清楚的詮釋。

「不愧是相川小姐，反應真快！『比較認識法』不須仰賴記憶力，而是一種透過『比較』來逐漸『認識』的學習方法。」

「如果能掌握『比較認識法』的要訣，那麼即使不用『諧音記憶法』，也可以完整記憶重要的知識了。」

◎比較認識法即為專注於不同之處的方法◎

坊田一邊說著，一邊在活頁紙上寫下「記憶的法門為比較認識法」。

「不過……『比較認識法』真的很耐人尋味呢！加上老師的推薦，實在令人躍躍欲試！」

「可惜我還是個名不見經傳的「無名太郎（笑）」，等坊田先生明年考上後，再和我一起推廣『比較認識法』吧！」

說完後，我便拍了拍坊田的肩膀。

考前的衝刺期更應以學習為中心

「老師，那麼今天的讀書會，我們就直接以『要用比較認識法來落實記憶』這個觀念作為總結了嗎？」相川半開玩笑似地問道。

「不，正題現在才要開始呢！我希望你們兩人仔細思考一下何謂『學習計畫表的功能』。」

「我記得老師以前曾經在課前指導時說明過，但老實說，對於『學習計畫表的功能』，我還是一知半解……」

「不要緊，從現在起，我會帶領你們具體地釐清這個概念。首先就從一般的學習法切入吧！所有證照補習班的課程規劃，大致可區分為以授課為中心的基礎期，以及以答題練習為中心的衝刺期。坊田先生，你認為基礎期的重點為何呢？」

「我想，基礎期應該以學習為中心。換句話說，我們必須依照課程進度來預習及複習課本內容。除此之外，當然及早進行考古題的演練也是非常重要的。」

「不簡單！坊田先生，你已經將『一般的學習法』發揮得淋漓盡致了。（那麼在考前的衝刺期，又應該如何呢？」

「衝刺期則必須以測驗為主，也就是配合答題練習的課程，盡可能地大量解題，以求培養實力。」

「坊田先生，你在衝刺期時不會複習課本嗎？」

「不，我當然也會仔細研讀課本，不過那都是為了答題練習所做的準備。」

「也就是說，你在衝刺期間，會一邊研讀課本，一邊大量解題，再配合答題練習。坊田先生，那答題練習的課程複習呢？」

「我當然也會確實進行……」

「啊！之後還會有法律修正的特別課程喔！」

「那個部分……我也會注意……」

光是從旁觀察坊田的表情，便不難發現他已經感到難以招架了。

「坊田先生，你的衝刺期還真是忙碌呢！這麼多事情，你真的做得完嗎？」

「可是，一定得全部做完才能通過考試啊……」坊田低下了頭，支支吾吾地答道。

看到我們兩人的互動，相川笑著開口問道：「坊田先生，真是抱歉，我之所以會這樣咄咄逼人地發問，目的是希望你能體會到一般學習法的問題所在。你剛才所說的方法，除非是在衝刺期擁有大量時間的考生，否則基本上是任誰都無法做到的。現在，我來改問相川小姐，妳認為衝刺期最重要的是什麼呢？」

「在衝刺期間，應該熟讀課本，盡力填補知識的縫隙。」

「沒錯，就是這樣！一般的學習法經常容易忽略這個熟讀課本的步驟。因此，我實在不得不說，**『若採用一般的學習法，到考試之前幾乎都會忘記所有的課本內容，僅憑著最後對考古題和題庫的記憶便站上考場』**。」

「啊！這種情況很容易想像呢！」

相川頗有所感地笑了出來。坊田則雙手抱胸，皺著眉頭問道：「老師，那您認為我們應該怎麼做呢？」

將「一般的學習法」反向操作！

「簡單扼要地說，我們應該將一般學習法的順序倒過來，也就是反向操作。」

「啥……反向操作？」

「是的。換句話說，就是基礎期以測驗為中心，而衝刺期則以學習為主力的應考模式。」

「老師，請您再說得更具體一點。」

坊田鬆開了交叉的雙手，一手握著原子筆問道。

「首先，在基礎期的階段，上完課後應該立即做題庫練習，以達到複習課程內容的效果。以前我也曾經和你說過『反覆練習五至十次題庫的訣竅』吧！當然，剛開始做題目時，難免會遇到挫折。但事實上，練習的真正目的，在於『**了解課程內容會以何種形式出題**』。只要抱持正確的心態，便能輕鬆面對挫折。練習完之後，應該立刻翻閱解答，找出課本上對應的部分，完成『深耕課本』的步驟。如此一來，便不會耗費太多時間。倘若仍有餘裕，可以運用『反覆操作的魔法』，每天進行多次的題庫練習。」

「那麼，基礎期不需要研讀課本嗎？」

坊田一邊努力地抄著筆記，一邊睜大眼睛問我。

「以優先順序來看，研讀課本應該排在基礎期的最後一位。反正等過了幾個月後，草草帶過的內容也會全忘得一乾二淨。（笑）」

「那衝刺期又應該怎麼做呢？」

「當然是要配合答題練習，以求深入地熟讀課本。**這段熟讀課本的過程，便是我們『落實記憶』最主要的關鍵。**」

「但是，如果在衝刺期間不做習題練習，我擔心這樣會忘記答題的感覺……」

「那是因為補習班慣用這種方法，其實這層擔心是多餘的。此外，**只要運用『比較認識法』，在課本的空白處確實寫上問題的重點所在，就能在熟讀課**

◎一般學習法 VS 超速太朗式學習法◎

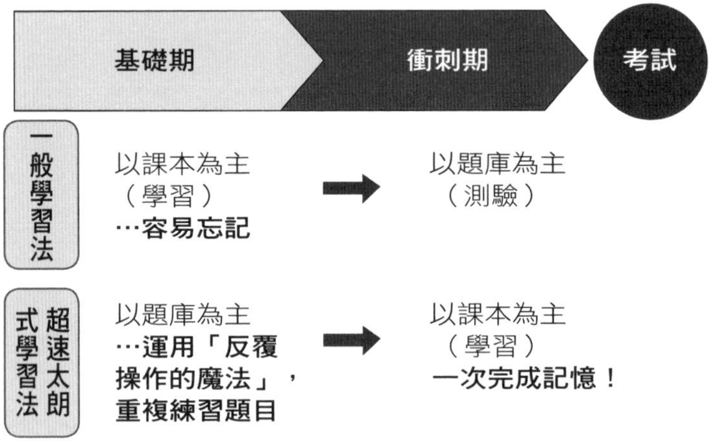

本的同時，兼顧題目的複習。」

「啊，我明白了。在基礎期的階段，我們可以藉由題目練習來掌握比較認識的重點，並將其寫在課本上。一旦進入衝刺期後，便可以一併記憶了。」

相川的眼中閃爍著光芒。

「完全正確。基礎期和衝刺期各有不同的努力重點，這便是我所提倡的『學習計畫表功能』。倘若缺乏明確的分工，自然便無法達到事半功倍的效果。」

「也就是說，老師的意思是，我們在基礎期應該貫徹題目的反覆練習，等到進入衝刺期後，再反覆地熟讀課本嗎？」

坊田一邊低頭看著活頁紙，一邊說道。

「沒錯。基礎期的階段，可以運用「反覆操作的魔法」來練習題目，這樣一來，即使幾個月後忘記，只要看到題目，也能迅速回憶起重點。如果光是讀課本，那麼時間一久便會完全忘記了。」

「所以，基礎期時我們應該以測驗為中心，而衝刺期則以學習為主力，對吧？」

坊田的表情顯得明朗許多。

研讀課本的秘訣

「老師，今天的讀書會真的令我獲益良多，感覺一定能幫助我修正自己的學習軌道，謝謝您的指導。」說完後，坊田便闔上了活頁紙。

「請等一下，話題還沒有結束呢！接下來是關於衝刺期時研讀課本的秘訣，我希望你能趁現在先培養一些概念。」

「研讀課本也有秘訣嗎？」

「是的。坊田先生，你認為考前應該如何研讀課本呢？」

「我想，正因為是衝刺期，所以我們應該仔細地精讀課本，以防知識的遺漏。」

「我的想法和你正好相反。我認為，這個時期應該盡可能地快速閱讀才是上策。」

「咦？為什麼呢？」

「坊田先生，你還記得『記憶的程度和練習的次數成正比』這個原則嗎？事實上，研讀課本也是如此。」

「啊……我記得。不過，可以請您具體地說明嗎？」

「舉例來說，第一次研讀應以課堂上的說明為主，因為這是最重要的部分。第二次則是以課本上作記號的內容為中心，而第三次便是以課本上未作記號的內容為主。」

「去年的衝刺期時，老師也常強調『**與其花六小時讀一次課本，不如花兩小時讀三次會來得更有效率**』。」相川瞇著眼睛說道。

「若以圖形表示，課本中最重要的內容便是骨頭，**首先強化了骨頭的部分之後，再藉由反覆閱讀來增加骨頭四周的肉量**——這也是由上往下學習法的一種。」

「這也是老師的獨家說明呢！」

「換個角度來看，在基礎期獲得的知識只是一個『點』。經過『深耕課本』的過程後，才能串聯每一個點，成為一條『線』。到了衝刺期的階段，再藉由研讀課本的步驟，將『線』擴展為一個完整的『面』。」

「說到這裡，以往為止我們經常還來不及念完課本，便開始做答題練習了。所以除了題庫之外，在課本的研讀上也可以運用『反覆操作的魔法』囉？」

「是的。多花時間熟讀課本並沒有錯，但我希望大家盡量避免因時間不足而無法念完的窘況。在畫卡作答的測驗方式下，即使記憶不夠明確，只要還保有對課本內容的一絲印象，便能意外地答對許多題目呢！」

「老師說得沒錯。」

相川和坊田對望著點了點頭。

「時間也差不多了，今天就到此為止吧！」

◎關於「落實記憶」的三項重點◎

❶「比較認識法」是落實記憶的不二法門

❷衝刺期應以學習為中心

❸能否合格取決於研讀課本的次數

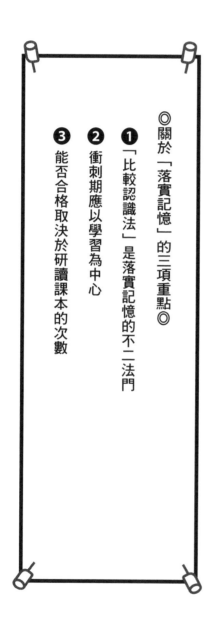

第6章

磨練「自我管理」的技巧——自我宣言筆記

化「思想」為具體形式

相川平時總在自修室待到最後一刻，今天卻難得在週六課程結束前，就在教室外張望。看到這個情形，我也已經心裡有數了。

「老師，我收到了！」

坊田也吃驚地回頭看著相川衝進教室的身影。相川從黑色名牌包中，小心翼翼地拿出合格證書放在講桌上，接著彬彬有禮地鞠躬說道：「我考上了！這都多虧了老師的教導！」

我不發一語，只是盯著合格證書上相川的名字。此時，坊田也在一旁盯著那張合格證書。我腦裡閃過課程開始前，相川詢問我問題時那有些任性的樣子，胸口也不禁發熱。我再次體會到，「自己正是為了這樣的瞬間，而從事這份工作的」。我拍拍坊田的肩膀，並向相川道了聲「恭喜」。

「老師，明年就換我了！」坊田說完後便開始排起桌椅，看來十分高興。

「好！今天終於要進入【思考式考試合格法】讀書會的最後一個主題了。雖然我好像每次都會這麼說，但這次可能是最重要的一次。」

「哇！老師，我可是期待今天很久了……但說實在的，我覺得自己已經確實做到『自我管理』了。」

「坊田先生，你認為『自我管理』指的是什麼呢？」

「確實管理每天的學習時間及金錢。關於這點，我都有確實做記錄，所以可以馬上回答出至今為止的學習時間及投資費用。」

「嗯……恕我冒昧地問一句，你記錄的目的是什麼呢？」

「為了正確掌控自己所投資的時間與金錢。而且，最近也有許多人將這種記錄公開在部落格呢！」

「該不會是為了跟人炫耀而記錄的吧？」

「不是這樣的，我只是想確實感受到自己為了考試，投資了許多的時間與金錢。我想，這樣也許就能支撐自己努力到最後一刻。」

「相川小姐，妳對這件事有什麼看法呢？」

「我倒是沒有做這樣的記錄。因為金錢不過就是學費和考古題的費用，學習時間也是每天固定的，差不到哪兒去。」

「是的，記錄學習時間和金錢，會讓人產生花大量時間與金錢的人就比較了不起的錯覺（笑）。真正在短期間內考上的考生，也不見得每個人都在這方面下過工夫。」

「所以……您是反對我們做這些紀錄嗎？」

「記錄學習時間與金錢不是不好，只是我有更值得推薦的方法。」

「那應該記錄什麼呢？」

記錄每天開始學習的心情，或忽然想到的一句話。即使每天都寫一句『絕對要考上』也無所謂。每天將要考上的決心寫在紙上，將其轉化為實在的形體。」

「這麼做有什麼好處呢？」

「這個做法會對我們產生潛移默化的效果。換句話說，也就是自我宣言。**每天複誦願望**，它便會自動進入我們的潛意識。再加上將它寫在紙上，光是反覆閱讀，就能提升自己的念書動力。」

「原來如此，聽起來似乎很有趣呢！從明天起，我也要來試試看。」

坊田開心地在筆記上寫下『製作自我宣言筆記』幾個字。

「自我宣言要儘可能使用簡短、積極的文字。舉例來說，比起『絕對不能半途而廢』，用『絕對要考上』會更為適當。」

「啊！這可千萬不能忘記！」

「剛才那句應該改成『我絕對要記得』才對。（笑）」

修正軌道才是重點所在！

「我一直以為，所謂的『自我管理』，指的是擬定學習計畫。」將合格證書放進手提包後，相川突然開口說道。

「確實，大多數人談到『自我管理』，都會聯想到學習計畫。這當然沒有錯，只不過考生真的都很喜歡擬定學習計畫耶！（笑）」

「經您這麼一說，似乎確實如此。但如果計畫沒有付諸實行，那麼實力依然是無法累積的。」

「沒錯，缺乏實行的計畫本身是毫無意義的。然而，我認為比起實行，還有一件事更為重要。相川小姐，妳認為是什麼呢？」

「咦，還有比實行更重要的事嗎？」相川看了看坊田，仍然一臉疑惑。

「那就是『修正軌道』。」

「就是老師在課程指導時所說的『導彈』理論嗎？」

「是的。無論利用多麼完美的戰略或戰術來擬定學習計畫，總有些事是開始後才能察覺的。此外，外部環境也會帶來種種不可預期的變化。因此，每個人都很難順著當初的學習計畫一路到底。這時，我希望考生能意識到『修正軌道』的重要性。」

「但是，老師，您不是說過『一直更換學習法就無法考上』嗎？」說到此處，坊田自信滿滿地反問道。

「那句話的意思是指『不可以優柔寡斷』。而『優柔寡斷』和『修正軌道』是完全相反的。坊田先生，你了解這兩者間的不同之處嗎？」

「呃……是因為目的不同嗎？『優柔寡斷』沒有目的，但『修正軌道』是有目的的？」

「有點接近了。不過，『優柔寡斷』的考生，也是基於想考上的目的，才會不斷改變學習法的不是嗎？你再試著想想看兩者間更明確的不同點。」

「？？？」

相川和坊田兩人對看後陷入思考。

「相信你們都聽過『PLAN＝DO＝SEE』的說法。其中，PLAN指的是計畫，DO指的是實踐，而SEE指的則是確認。『優柔寡斷』的學習，通常只能在『PLAN⇅DO』間徘徊，而『修正軌道』卻能確實做到『PLAN→DO→SEE』的循環。」

「老師，您的意思是，『優柔寡斷』的學習中『沒有SEE』嗎？」

「是的。**比起擬定學習計畫，徹底掌握可付諸實行的部分，以求擬定更具效率、更為實際的戰術及戰略才是最重要的。**能成功在短時間內考上的考生，無疑都具備了這樣的特質。」

「這番話實在不怎麼中聽呢！（笑）」

相川看著搔著頭的坊田說道：「我終於了解，為什麼老師總說『我們是導彈』了。」

養成記錄日期的習慣

「這麼說或許有些抽象，但我說的『修正軌道』並不是那麼複雜的工程。我們舉個具體的例子來說吧！坊田先生，請你拿出一本現在正在用的模擬試題。」

「好，這是我從去年開始用的。」

我從坊田手中接過一本『簡答題』的考古題。那本考古題中，每一個問題前均排列著□□□三個勾選欄。其中，有些題目有勾選，有些則無。另外，勾選的數目也隨題目不同而各異。

「坊田先生，你是如何勾選這些欄位的呢？」

「答對的問題就勾起來，答到三個勾後便不再重複練習。」

「這個方法相當普遍，但你從未對此感到疑問嗎？」

「疑問倒是沒有，只是……當我在實行老師所說的『反覆練習的魔法』時，還是不清楚自己究竟答對了多少次。」

「那你有想到什麼解決對策嗎？」

「沒有，我從來沒有特別想過這個問題。」

「這正是我所說的『修正軌道』。我認為坊田的做法有兩個問題：第一，正如坊田所說，無法知道該題答對了幾次。第二，不知道該題是何時答對的。」

「確實如此，那我應該怎麼做呢？」

「應該在解題時寫上日期，日期下面答對就記○，答錯就記×。」

「呃……我還是不太懂……」

「用這個方法，便能掌握解題日期及答對與答錯的次數。如此一來，也能掌握剛開始答對，但經過一段時間後卻答錯的問題。」

問題集勾選欄（□□□）的使用方法

(1)記錄日期

(2)答對記○，答錯記×

……如此一來，便可掌握答對和答錯的次數。

「啊！這一點確實很重要。我時常起初以為自己已經懂了，但後來才發現，原來根本還沒融會貫通。」

「沒錯。所以，坊田先生，你只要換用我建議的方法，就能更快速地提升學習效率。」

「原來如此！這就是所謂的『修正軌道』……只是，光憑自己摸索，實在很難察覺到 SEE 的重要性呢！」

「你必須養成自我思考的習慣，並努力將其應用在實行上，這才是【思考式考試合格法】的精髓所在。」

「我終於能夠體會【思考式考試合格法】的意思了（笑）。也就是必須一再檢討並修正自己的學習法，對吧！」

「這樣就足夠了（笑）。【思考式考試合格法】的意義非常深奧，在實踐的過程中，自然可以一點一滴地慢慢發掘。另外，請務必養成『記錄日期』的習慣，雖然它看似簡單，卻會為我們帶來意想不到的相乘效果。」

預防「粗心出錯」的對策

「老師，既然我們談到解題，我想順便問一下，應該怎麼做才能防止『粗心出錯』的問題呢？」坊田繼續問道。

「首先，我們應該先釐清『粗心出錯』的定義。關於這一點，每個考生都有不同的看法。相川小姐，妳認為什麼樣的程度算是『粗心出錯』呢？」

「我認為，像畫錯答案卡之類的便是『粗心出錯』。」

「那你呢？坊田先生。」

「答案卡畫錯當然就不用說了。但我認為，答錯似曾相識的題目，也同樣算是『粗心出錯』的範圍。」

「倘若如此，那麼坊田先生，對於像你這樣的長年考生來說，不就幾乎都是『粗心出錯』了嗎？」

「呃……確實如此。（笑）」

坊田有些難為情地低下了頭。

「首先，我希望大家先修正『粗心只是因為注意力不足』這個觀念。對於像坊田先生這樣，已經學習到某種程度以上的考生來說，其實幾乎所有的錯誤，都是源自於『粗心』。正因如此，我們才必須**針對『粗心出錯』，去加強『修正學習的軌道』**。所謂考試，並不是第一次看到問題就答對的人就能合格，而是**不重蹈覆轍的人才會合格**。不放任自己的『粗心出錯』，才是我們應該努力的目標。」

「經您這麼一說，我每次都只當作是自己太粗心，從未深入去思考預防的對策。」

說完後，坊田雙手交叉在胸前，『唉……』地長嘆了一聲。

「坊田先生，不用擔心，因為你已經知道『修正軌道』的方法了。」

「咦？」

「答案就是『比較認識法』。從前應考時，我為了預防『粗心出錯』的情形發生，便開始著手研究如何在迂迴的問題中想起重點。而『比較認識法』便是我當時思考出來的『重點整理』對策。只要用**『比較認識法』來整理『粗心出錯』的問題，並找到『比較』的重點即可。**之後再實行『深耕課本』的步驟，並在衝刺期間，搭配『反覆練習的魔法』集中攻讀，便可防止重複出錯。」

「每個過程都環環相扣呢！」

「是的，環環相扣。只要能夠理解這個道理，便可發現。」

「說得真好！我原本以為自己已經理解老師的話了，沒想到還是一知半解……我一定會將這些技巧應用在下次考試上，不辜負老師的期望。」

「相川小姐一定沒問題的。」

我看了看時鐘，同時坊田也看了一下手錶說道。

「啊！已經這麼晚了……【思考式考試合格法】讀書會真的令我獲益良多。這次是最後一次了吧？真希望能一直繼續下去呢！」

相川也在一旁點頭表示贊同。

「我們目前所談的主題，不過只是【思考式考試合格法】的一小部分而已。大家首先必須做的，便是將這些內容確實內化為自己的東西。只要各位有需要，我們隨時都可以再度舉辦【思考考試合格法】讀書會的。」

◎【思考式考試合格法】的技巧環環相扣◎

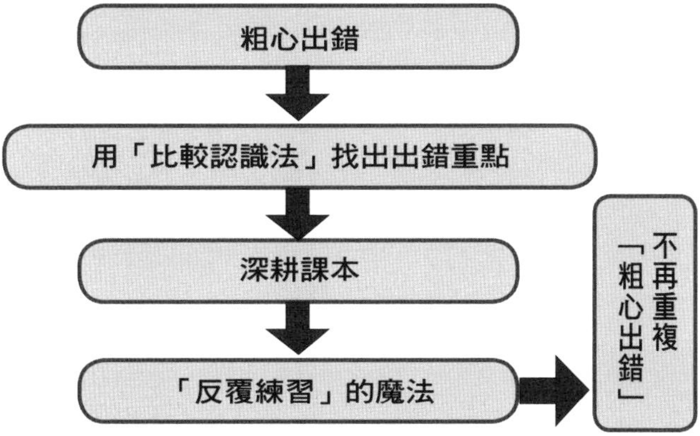

◎『自我管理』的三項重點◎

❶ 製作『自我宣言筆記』

❷ 修正軌道才是重點所在

❸ 解題時切記記錄日期

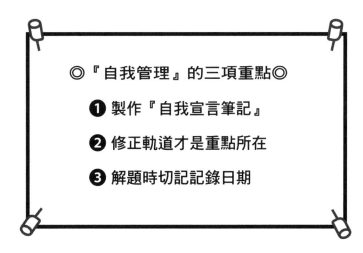

心理篇

吸引「好考運」的超級心理戰術

第 1 章

優秀的考生會散發出「既沉穩又熱血」的特質

熊熊燃燒的熱血衝勁

每年我送往迎來地看了許多的考生，我發現，**優秀的考生身上有一種獨特的氣質**。以我個人的看法，我認為那便是「既沉穩又熱血」的典型。**他們的頭腦總是保持沉穩的戰略思考，而內心又燃燒著一股無比的熱血衝勁……**若非如此，想必無法承受長期的應考煎熬。

而我也一直將「既沉穩又熱血」這一句話，作為自己部落格的標題。除此之外，我也常以此作為勉勵的主題，給予各位考生適當的建議。每天我都盡量以最簡潔的言語，向考生傳達這一份熊熊燃燒的熱血衝勁。

我十分清楚，即便主題相同，只要視點稍加改變，便能予人截然不同的感受。因此，我從來不曾煩惱過重複的話題。我的建言基本上可分為三個中心思想，在此介紹給各位讀者。

重點不在努力的過程，而是最後的結果！

十多年前，我選擇脫離大約持續了三年的上班族生活，陸陸續續地開創了各種自己的事業。當時的我意氣風發，卻被一位前輩給了我一記當頭棒喝──

「好！我要開始加緊努力了！」我說。

「太朗，其實不用努力也不要緊的。」

「什麼？不用努力也不要緊？」

「嗯，**重點不在努力的過程，而是最後的結果。**」

「……」

從那時候起，上述這段對話已在我心底生了根。每當我感到痛苦或迷惘時，便會以此作為對事物的判斷基準。

人們常說：「在工作上，結果就是一切」。而在考試的世界中，最能客觀地印證這一句話。這一點在體育項目的競賽上也是如此。仔細想想，正因為有考試，我們的努力才獲得價值與回饋。沒有考試的努力，便如同失去進入甲子園夢想的高中棒球隊一樣，難以保持前進的動力。

正因如此，請大家盡情享受考試的競爭感吧！運動的競賽有其規則，考試也同樣有客觀的評斷標準，這才是其中的樂趣所在。

一旦進入社會後，很少人能重新燃起「念書的鬥志」。各位讀者現在正自發性地準備迎接證照考試，這一點便代表大家擁有戰勝難關的實力。請各位相信自己，為了最終的結果盡情努力吧！

考試的價值在於努力的過程

請大家想想，假設有一個證照考試，只要付一百萬日圓便能考上。對於以此形式取得證照的人，試問各位敢託付什麼樣的工作呢？

從這個角度來看，說考試的價值在於努力的過程，其實一點也不為過。之前我才強調「結果的重要性」，現在又說「價值在於努力的過程」，這兩句話看似矛盾，事實上絕非如此。相反地，正因為「重視結果」，我們才能仔細地審視自己努力的過程。

念書的形式就只是坐在書桌前而已，不像運動一般予人光鮮亮麗的形象。然而，正因我們專注於一件事物，才能認清從前未曾發現的障礙和弱點。這一點，在運動上也是同樣的情形。

如此看來，念書的本質可以說是「為自己設立目標，其後培養跨越難關的實力」。當然，通過考試並不代表所有的問題都獲得了解決。我們從準備考試的過程中所學習到的經驗，比起取得的證照本身，更能成為我們日後的力量。

抱持真正的自信心

身為一名證照補習班的講師，我最大的價值便在於「儘早讓考生通過考試」。然而，就現實面而言，在這個世界上，考上的人數卻壓倒性地較落榜的人來得低。此外，光是考上並不能代表一切，每個人都有所謂的機運，而我本身便是一個很好的例子：

二十一歲～二十三歲……連續三年司法考試落榜

二十四歲～二十六歲……連續三年未考取松下政經塾

二十七歲～二十九歲……總計三次經商失敗

總而言之，三十歲以前我的人生可說是諸事不順。但我現在卻有一份值得驕傲的工作，並不斷追求「自我實現」。正因如此，我無法認同所謂的合格至上主義，也不認為考上的人＝成功的人。我相信，最重要的應該是**透過考試而從中獲得真正的自信心**。

通過考試固然可喜，但並非只有考上才能為我們帶來真正的自信心。只要我們接受自己，並百分之百地相信自己，這樣便已足夠。

在我們的一生之中，能夠主宰的唯有「自己」。倘若連自己都不相信自己，試問還有誰會信任我們呢？

當然，最了解真實自我的人還是自己。因此，我們更必須透過「日復一日的努力」，永不懈怠地致力於自我成長。我們最不該違背的誓言，便是「和自己的約定」。

人生的黃金時期因人而異。除了通過考試之外，我更希望大家能夠相信自己。只要抱持真正的自信心，便能相信自己的努力終有開花結果的一天——這就是我最想傳達給各位讀者的一句話。

第2章

可能會導致落榜的三個恐懼心理

有些人雖然心裡明白「念書的方法」，卻總是無法將心中所想付諸實際行動。我接觸過許多這種類型的考生，發現其根本的原因，便在於他們心中的**「三個恐懼」**。

對於正在尋求正確學習法的讀者，我奉勸各位應該先對這三個恐懼有所自覺，再來積極地思考解決之道。

「對內容尚未理解」的恐懼

不少專業的考生都有一種迷思，以為自己的努力之所以沒有成效，一切都歸因於「**還有許多重點尚未理解**」。然而，這種迷思卻經常誤導大家走向「執著於所有未知」的歧途。

新的證照補習班、新的教材、新的講師以及新的學習法……所有追求新事物的考生都有一個共同的隱憂，那就是「對內容尚未理解」的恐懼。

而招致這種恐懼的主要關鍵，便是極力逃避測驗的學習心態。這種意識性的行為，會導致無法提升自己應付考試的實力，對事實也選擇視而不見。久而久之，恐懼的心理便會日益擴大。

一旦對這層恐懼有所自覺，首先便必須了解其本身「不過只是幻想而已」。**只要確實掌握補習班提供的教材及講義，要考上絕非難事。**因為現實生活中，考上的人依然大有所在。

事實上，落榜的真正原因和「理解」無關，純粹只是情報整理的技巧，以及落實記憶的工夫不足罷了，這一點我已在第二篇（戰術篇）中作過詳細的說明。倘若遲遲未能認清現實，便注定只得年復一年地失敗下去。

決定我們能否考上的關鍵因素，並非外在的環境，而是我們自身的態度。

「忘記內容」的恐懼

隨著學習的進度向前推進，大家總會不自覺地開始擔心起之前唸過的科目。感覺似乎記憶變得模糊，於是便試著回頭重新練習題目。結果發現果然已經忘記了內容，內心開始焦躁不安……

各位讀者是否也曾有過這樣的經驗呢？

無法忍受這種恐懼的人，便會在自身實力尚有不足的情況下，試圖採用

「擷取」式的方法，同時學習多項科目。然而，無論經過多少年，這樣的學習方式始終無法通過考試。即使訂立了完美無瑕的讀書計畫，也無異於紙上談兵，無法在現實生活中派上用場。

此外，抱持這種苦惱的考生，似乎也會煩惱自己「年歲漸長而不復記憶」的問題。人類是健忘的動物，相反地，倘若記憶能永遠維持，我們也就不會有所進步。

唯有遺忘之前慘痛的失敗經驗，我們才得以重新邁步向前；唯有遺忘疲憊不堪的昨日，我們才能重新感受「嶄新的今日」。遺忘並不是壞事，重點在於我們是否因為恐懼遺忘，而忽略付出學習的努力呢？

我們之所以為自己訂立讀書計畫，目的並不是為了保存記憶，而是以遺忘為前提，進而賦予自己反覆練習的依循標準——這才是鐵一般的現實。如果各位讀者對此也有同感，請重新閱讀一次本書的「戰略篇」及「戰術篇」。相信大家應該可以發現，所有的規劃都是以遺忘為前提而設計的。

「只許成功，不許失敗」的恐懼

一般而言，愈是努力邁向夢想，便愈是恐懼面對失敗。這種心情人皆有之，再自然也不過。然而，假使只顧著一味埋頭努力，卻不願面對心中的恐懼，這種情況就像同時踩著煞車和油門前行的汽車一般，終有一天會機器故障。

可惜的是，這個世上不存在任何能保證百分之百成功的念書方法。儘管如此，我們卻可以改變自己對於失敗的看法。無論從我本身的經驗，或是過去偉人的歷史來看，我敢斷言以下幾點事實：

- 失敗不代表結束，它不過是警惕我們必須修正學習軌道的媒介而已
- 不斷尋求因應這個世界的生存之道才是重點所在
- 許多最終取得成功的人，都是從失敗當中學習到致勝的法則

一旦改變了自己對事物的觀察角度，便能放寬心胸，不再拘泥於一時的失敗。

事實上，希望與失望是一體的兩面。因此，倘若沒有付出努力，自然也就不會失望。我們必須一再克服失望的情緒，才能完成實現夢想的願望。

至於該如何面對這份失望，便是考驗我們自身價值的重要時刻。戰勝失望的意志力，也就是我們實現夢想的力量。唯有克服失敗的堅定決心，才能消除這份內心的恐懼。

第 3 章

吸引好考運的「三個習慣」

重視「小小的成就感」

我認為，所謂的「運氣」只適用於考上的人，並非適用於所有考生。

「他是因為運氣好才考上的。」

「我是因為運氣不好才落榜的。」

以上的想法，不過只是屏除一切戰略性思考的「藉口」罷了。應考前絕口不提「運氣」，等到考上再以「運氣好」表示謙虛，這才是面對考試的正確態度。然而，我們的確無法否定「運氣」對考試的影響性。因此，在考試來臨之前，我們應該仔細思考「如何為自己帶來好運」。

現在，請大家想像自己考上的那一刻。相信各位的腦海中，都應該浮現出自己充滿成就感的光榮景象。

但是，請大家再仔細想想，這份成就感，是在考上之後才擁有的嗎？

不，應該不是如此。通過考試和中彩券不同，好運並不是在某天突然降臨到我們身上的。在考上之前有許多前兆，例如：在衝刺期間屢屢取得好成績……等，我們也藉此逐漸加深會考上的信心，並從中獲得成就感，進而感受到念書的樂趣。我希望大家能從這一方面著手，為自己帶來好運。

證照考試的考生，大多十分積極進取、態度認真且自我要求嚴格。同時，許多人也因為這樣的性格，而導致特別在意自己弱點的偏差心態。如此一來，自己只會逐漸變得委靡不振，好運自然也不會靠近。

運氣好的人，無論做任何事都無往不利；而運氣差的人卻恰巧相反。運氣是完全沒有公平性可言的。然而，**運氣卻常與成就感為伴**，常保成就感的人自然會吸引好運降臨，而好運也會將這份成就感不斷地延續下去。

因此，我希望各位能重視每一份「成就感」。所謂的成就感，並不僅限於偉大的成功。我想強調的是，無論多麼微不足道的小事，只要大家能意識到自己的努力有了成果，便是為自己帶來好運的重要關鍵。

念完一個科目——成就感！
實踐一個月的讀書計畫——成就感！
完成每天的念書進度——成就感！

此外，為了慶祝這小小的成就感，各位可以準備一份小禮物，當作給自己的獎勵。即便只是一句讚美的話、聽一首好聽的歌曲、品嚐一塊喜愛的肉桂蛋糕，或來一頓美味的下午茶也無妨。

懂得珍惜每一份小小成就感的人，想必在未來也能享受到豐碩的收穫。

勿忘「感恩的心」

甲子園開幕典禮的選手宣誓、成功人士或金榜題名的人，都會將「感謝」的言語掛在嘴邊。

請大家試想一下，假設自己是勝利女神，倘若現在有兩位實力旗鼓相當的考生，其中一位始終抱著感恩的心，懂得真誠地向他人表達感謝之意；而另外一位則恰巧相反，從不願對人吐露半句感謝的言語。試問各位會向哪一位考生露出微笑呢？

無論各位尚在求學階段，或已進入職場，其實挑戰證照考本身，便是一件十分幸運的事。在這個世界上，有許多人出於各種原因無法參加考試。能夠為了自己的夢想不斷付出努力，光是這點就已經足夠我們感激無限了。

和成就感一樣，常保感恩的心也會在我們體內形成一股能量。小小的成就感一點一滴累積，便會吸引更大的成功；**而常保感恩的心，也同樣會吸引我們心中理想的現實到來。**

正因如此，我才希望大家對自己身邊的一切事物懷抱感謝之意。除此之外，若能將這份感謝之意表現在言語及態度上，距離我們心中理想的現實便又更近了一步。

希望各位務必培養吸引好運的良好習慣。

永遠「全力以赴」

從考生面對考試的念書態度，便可以輕易觀察出他們的工作態度。**我認為，對工作輕率隨便的人，在念書方面也無法有所成就。**因此，我通常會建議已進入職場的考生，面對工作也要全力以赴。

聽到「全力以赴」這句話，許多人會誤解為「爭取最高的成果」而倍感壓力。然而，我所說的「全力以赴」，指的是「專心致志」——也就是為了達成心中的目標，排除一切困難，集中全力向前邁進。

如果各位真心期許通過考試，我希望大家能養成一種習慣：不只面對念書，而是對所有事物都全力以赴。無論是家事或社區內各式各樣的大小事務，都要盡力完成。如此一來，將更有助於提升我們自身的能力。

我相信，能夠集中心力的人，必然會有好運降臨。因為好運總是悄悄地在我們耳邊低語：「若真心希望夢想實現，就要集中心力，全力以赴。」

第 4 章

化後悔為前進的動力

各位是否總希望永遠記得「愉悅」和「快樂」的感覺，卻又不斷期許能早一刻忘記「後悔」的痛苦呢？然而，在種種的「後悔」之中，有些經驗是我們決不能忘記且必須學習接受的。

這些經驗已經超越了勝負成敗的境界，進階至對自我本質層面的後悔。真正的後悔，是連眼淚也流不出來的。唯有抱持堅強心志的人，才能正面接受這種悔恨，將其轉換為改變自己的一大動力。

☀「區分事實與看法」的重要性

接下來要說的，雖然已經是十五年以上的事，但我卻從中學習到「區分事實與看法」的重要性。當時我剛從大學畢業，卻完全沒有參與任何就業活動，全心投入司法考試的準備當中。然而，我的第二次考試依然慘遭失敗。當時脫離了社會常軌的我，對於自己的未來，充滿了悲觀與絕望。

司法考試合格的美好願景已無聲地破碎，我只能重新回到原點，在社會中尋求出路。當時，在人生道路的遠方，我看不見一絲希望的曙光。

「自己已經失去一切了」——我真的如此認為。

然而，當下我卻被一句話點醒，那就是「區分事實與看法」。

的確，對我而言，無論是過去大量的時間、已經遞交的答案卡，或者是落榜的事實，都已經成為定局，我也無力去改變。

但是，其他方面則不然。例如：我對未來感到悲觀，覺得自己即使就業也會一事無成，或認為自己脫離了社會的常軌……等，這一切不過只是我單方面的認定及看法，並非「事實」。察覺到這一點後，我發現倘若自己一味執著於這種看法，那麼將來它勢必便會成為事實。

因此，我開始**將精神集中在改變之上**。當然，起初並不順利，但這是當時的我唯一能努力的方向。所以，我拚拼命地和自己的看法奮戰。於是，隨著我的努力，在暗不見天日的隧道盡頭，我逐漸找到了屬於自己的道路前進。終於，我了解到自己的人生只不過進入了一條隧道而已。

我衷心建議各位，無論在生活中遭遇到任何困境，都必須「將事實與看法（認定）分開思考」。切勿讓自己無謂的看法以及錯誤的認定，阻礙了我們無限的可能性——因為每個人都擁有一條屬於自己的道路。

以應考經驗作為躍進前的「重要跳板」

凡是證照考試的考生，百分之百應該都希望自己能夠考上。然而，世上不可能存在任何足以令所有人滿意的合格標準。姑且不論好壞，這就是無法否認的現實。

在現行的合格標準下，無論考上與否，考生之後大致會分為兩種類型：一種是能夠記取考試經驗的人，另一種則是無法記取考試經驗的人。

在眾多考上的人之中，有些人只把金榜題名當成一個「美好的回憶」。相反地，當中也有少數考生，能將長達一年的應考經驗作為下一個階段的跳板。

對任何人來說，參加證照考的經驗都應該是一種躍進（挑戰）。重點在於能否將這次躍進的結果，轉換為下一個階段的跳板。倘若無法做到這一點，那麼終有一日，我們會否定自己所做的一切，甚至包括躍進本身。

我們的最終目標是躍進。因此，我希望大家能認真地重新思考躍進前那一步的重要性。

☀謹記「自信與謙虛」

一旦人們感到極度失望，便會下意識地認為自己失去了一切。這時候，建議各位不妨回想一下「沙漏」的原理：當上半部的沙子流盡時，其實下半部也隨之聚集了等量的沙子。

希望各位即使身處下半部的沙子之中，也請謹記切莫喪失了「自信與謙虛」。

「真正的自信」無須和人比較，也無法藉由考試來衡量。在我們付出努力的同時，也代表了前方有一個需要這份努力的經驗，正在等待著我們。

在職業棒球的領域中，有些選手活躍於甲子園的戰場上，有些選手進入大學後才開始嶄露頭角，同時也有許多選手在出社會後才展現實力。相反地，同樣也有選手雖以亮眼的成績進入球隊，卻因始終未有表現而宣告職棒生涯告終。

每個人的人生都有其高低起伏。現在我們所能做的，只有相信自己，並秉持謙沖的態度，不斷努力向上而已。

只要謹記著「自信與謙虛」，我們必然能夠將失望化為奮鬥的力量，持續在人生的道路上向前躍進。

第 5 章

考上後的未來

每個人參加證照考試的目的各有不同，若說起其中的共同點，我認為那便是「提升自己的存在價值」。

除了在公司及組織的職銜之外，我們還追求一種自我實現的層面。現在正為此而努力提昇自己價值的各位，有朝一日必能完成夢想。

從被人教導的一方，成為教導別人的一方……

從受人鼓勵的一方，成為鼓勵別人的一方……

從仰賴別人的一方，成為受人仰賴的一方……
從接收勇氣的一方，成為予人勇氣的一方……
從聽從建議的一方，成為給人建議的一方……
無論是全部或只是其中的一部分，各位有朝一日必定能實現自己的夢想。

過去不斷在變化

常言道，過去和別人都是不可改變的。然而，事實上，我們的過去一直不斷地在變化當中。

現在處於順境的人對過去總抱以肯定的態度，認為「正因為經歷了過去的苦難，才會有今日的成就」；而現在處於逆境的人則總以過去作為藉口，認為「因為過去的失敗，才成為今日的絆腳石」。

要如何看待過去，選擇權完全在於現在的自己。我由衷期許各位能以正面積極的心態來面對現實，體悟「把握當下」的重要性。

希望大家時常告誡自己，**「現在所走的便是最佳的道路」，並謹慎地面對日後的每一步。**只要朝著自我成長的目標不斷努力，不僅可以改變我們的未來，同時也會改變我們的過去。

眼前的未來

考試的本質便是與他人競爭。因此，學習樂在其中也是致勝的一大要訣。

然而，這只是一段過程，而不是我們的最終目的。

換句話說，由於人生不可能永無風浪，我們也不可能永遠是贏家，若以競爭為目的，反而會迷失了我們原本的初衷。

考試真正的目的，應該在於「我們究竟是為了什麼而努力的」。一旦我們心中有了明確的答案，才能清楚掌握自己「應循的方向」，而這也是決定我們未來的重要依據。現在的我們，正為了掌握自己的方向而不斷地努力。至於我們腦海中描繪出的「方向」，也就是我們眼前的未來。

請試想一下，我們在考上後所遇到的夥伴，現在也和我們一樣，正為了實現夢想而孜孜不倦地努力著。

此時此刻的我們，是否能夠緊緊把握自己眼前的未來呢？

希望大家時時如此警惕自己，不要虛度任何一天的寶貴光陰。

踏入沒有軌道的世界——給考上的人的話

在通過考試的背後，隱藏著許多不為人知的努力。當長年以來的付出終於有了成果，那種喜悅實在遠遠超乎我們的想像。我深深盼望每一位讀者都能感受到這份由衷的喜悅。

但是，一個目標的達成，同時也代表我們又站上了一個全新的起跑點。一路走來，始終快步通往通過考試之路的人，必定能夠贏得最後的勝利。

然而，考上之後的道路卻是沒有軌道的。從現在起，我們必須憑靠自己的力量，在無限寬廣的空間中，一邊尋求方向，一邊邁步向前。

今後，或許我們即將面對比現在更艱苦的嚴峻現實。當遇到困境時，大家要秉持「真正的自信」，勇敢地走出自己的未來。

這次的成功是各位「創造自我的第一步」，從現在起，希望大家也能朝著自己「應循的方向」前進，切勿吝惜付出努力。

我向來最欣賞認真面對人生的人，也期許自己能成為他們背後的力量。

結語

經歷過這段思考的旅程後，各位讀者感覺如何呢？

我之所以寫這本書，並不是期望每一個人都能全盤接受我建議的學習法。只不過希望能多提供一些必要的問題，讓各位獨立思考，以求幫助大家達成短時間內考上的目標。

本書不過只是思考旅程的起點而已，未來各位的前方還有一段漫長的路要走，直到通往考上的終點為止。

回過頭想，我能夠完成這本書，完全是因為我有幸能聽到許多考生的真實心聲。因此，這絕不只是我個人的功勞，而是集結了大家力量的成果。無論是報名參加課程的學生，還是我曾在網路上接觸過的學生，都是這本書的功臣。

在此，我想向他們表達我的感謝之意，真心地謝謝大家！

另外，許多我曾經指導過的考生，現在都已經通過考試，並邁向他們嶄新的人生道路。能夠陪伴他們一起挑戰考試的難關，一同渡過那一段有笑有淚的日子，我由衷感到無比的幸福與欣慰。

這個證照考試的世界，只是各位和我相遇的一個契機。我急切地盼望各位能以金榜題名來證明本書的無窮力量。各位讀者燦爛的笑容，將是我最大的動力來源。

為了迎接那一天的到來，我——超速太朗——今天也會繼續站在講台上支持各位的。

高寶書版集團
gobooks.com.tw

新視野 New Window 223
一次通過的超速考試法：考試之神的應考戰略，學生、公職、專業證照短期考取
短期合格者だけが知っている！ 「一発合格！」勉強法

作　　者　超速太朗
譯　　者　王岑文
責任編輯　吳珮旻
封面設計　鄭佳容
內頁設計　賴姵均
企　　劃　鍾惠鈞
版權負責　蕭以旻

發 行 人　朱凱蕾
出　　版　英屬維京群島商高寶國際有限公司台灣分公司
　　　　　Global Group Holdings, Ltd.
地　　址　台北市內湖區洲子街 88 號 3 樓
網　　址　gobooks.com.tw
電　　話　(02) 27992788
電　　郵　readers@gobooks.com.tw（讀者服務部）
傳　　真　出版部　(02) 27990909　行銷部 (02) 27993088
郵政劃撥　19394552
戶　　名　英屬維京群島商高寶國際有限公司台灣分公司
發　　行　英屬維京群島商高寶國際有限公司台灣分公司
初版日期　2021 年 5 月

舊版書名為：《關於考試，你用的方法都是錯的》

國家圖書館出版品預行編目（CIP）資料

一次通過的超速考試法：考試之神的應考戰略，學生、公職、專業證照短期考取 / 超速太朗著；王岑文譯. -- 初版. -- 臺北市：英屬維京群島商高寶國際有限公司臺灣分公司, 2021.06
　面；　公分. -- (新視野 223)

譯自：短期合格者だけが知っている！ 「一発合格！」勉強法

ISBN 978-986-506-118-0 (平裝)

1. 讀書法　2. 學習方法　3. 考試指南

521.16　　110005559